# PCAGIP法の実践
## ピカジップ

対人援助職を支える新しいパラダイム

村山正治／中田行重 [編著]

創元社

Person - Centered
Approach
Group
Incident
Process

## はじめに

　村山正治・中田行重編著（2012）『新しい事例検討法PCAGIP入門——パーソン・センタード・アプローチの視点から』（創元社）が出版されて10年以上が経ちました。この間、PCAGIP法は様々な雑誌や著書、研修会で紹介され、実践する人が増えました。日本人間性心理学会の大会では毎年のように本法についての発表が行われています。また、各地の臨床心理士会や学会などで研修会を開いてほしいという要請が続いています。他学派にも認知されるようになり、通常のスーパービジョンとは異なる事例検討法として業界で一定の地位を占めるようになっています。人は自ら成長するというPCA（パーソン・センタード・アプローチ）の信念を形にしたPCAGIP法は、従来の教育研修モデルに替わるアプローチとして、学びたいというニーズがさらに高まることが考えられます。

　私たちの見るところ、そのニーズは大きく2つの層に分けられると思われます。1つは未だ学んだことがないという人たちです。臨床心理士や公認心理師その他、心理臨床で仕事や研究をしている専門家にそのニーズが大きいことは上に示した通りですが、心理臨床の専門家だけでなく教育や看護、矯正、医療、福祉、産業など広く対人援助の仕事に就いている方々にとっても、やはりこのアプローチが新鮮で魅力的であることを、はじめて研修に参加したいという多くの人たちの感想から耳にしてきました。このことから、対人援助職全般におけるPCAGIP法を学びたいというニーズの潜在的な大きさを編者は感じています。

　もう1つはすでにPCAGIP法を学んでいる人がさらに深めたいというニーズです。PCAGIP法の手順を学び、ファシリテーターとしてある程度経験も積み、その効果についてもわかってきたが、自分の今のやり方をどうしたらリファインできるだろうか？　何か工夫を加えることができないだろうか？　などのニーズを抱えている人たちです。そういう人たちにとっては他のファ

シリテーターの、他の領域でのやり方に触れることが学びとなると思われますが、そのように幅広く学ぶ機会は日本人間性心理学会の大会くらいしかないのが現状です。

そこで、この2つの層のニーズに応えるため、PCAGIP法の実践的なテキストを作成することにしました。
本書には次の2つの趣旨があります。
①対人援助や心理臨床の領域ごとにPCAGIP法がどう実践・展開されているかを伝える。
②その領域でなぜPCAGIP法を用いているのかも併せて論じ、PCAGIP法がたんなるテクニカルなメソッドではなく、PCAGIP法施行の背後にある「人間観」や「人にかかわることの意味」についても考える書とする。

本書を読むことでPCAGIP法をすでにやっている方も、これからやろうという方も、いろいろと学びがあると思います。まずは第1章の実際のPCAGIP法の実践をご覧ください。これを読むだけでもPCAGIP法のワークショップに参加した価値があります。本書のその他の章からは、自分が実践しているPCAGIP法や自分なりの工夫に対する概念化、行き詰まりへの対応のヒントなどが得られるでしょう。また、各領域でPCAGIP法を実践することの固有の意義、PCAGIP法に工夫を入れる際の参加者への心配りや問題解決に対する考え方、コミュニティ実践やカウンセリングに対する考え方、PCAGIP法の研究で用いられているアプローチ法など、PCAGIP実践・研究を深めるためのヒントが沢山見つかるだろうと思います。

村山正治・中田行重

目次

はじめに　村山正治・中田行重　i

# 第1部　PCAGIP法の実際

### 第1章
事例検討法（PCAGIP法）の理論とワークショップ
　　　　　　　　　　　　　　　　　　　村山正治・村山尚子　2

# 第2部　PCAGIP法の領域別実践

### 第2章
《教育》スクールカウンセリング——教員研修でのPCAGIP法の実践
　　　　　　　　　　　　　　　　　　　　　　　　岩渕匡彦　42

### 第3章
《教育》PCAGIP法を通じたケースカンファレンス改革
　　　——臨床心理士・公認心理師養成の大学院教育の現場から
　　　　　　　　　　桑野浩明・桑野裕子・松村人志・村山正治　48

### 第4章
《産業》キャリア支援領域における「PCAGIP法トレーニング」の現在地
　　　　　　　　　　　　　　　　　　　　　　　　南　陽子　56

### 第5章
《産業》産業カウンセラーの事例検討
　　　　　　　　　　　　　　　　　　　　　　　高楊美裕樹　62

### 第6章
《産業》組織活性化の「ピカジップ愛」——強みを活かす研修手法
　　　　　　　　　　　　　　　　　　　　　　　　西木　聡　68

第7章
《医療》医療従事者の事例検討・研修・教育としてのPCAGIP法
野村陽子　74

第8章
《地域医療・福祉》地域の医療・福祉専門職を対象にしたPCAGIP法
足利　学　80

第9章
《福祉》児童養護施設におけるPCAGIP法
井出智博　86

第10章
《矯正》少年鑑別所におけるPCAGIP法
田中かおり　92

第11章
《内閣府・こども家庭庁》政府機関主催の援助職研修
並木崇浩・小野真由子・石田陽彦　98

第12章
《マイノリティ支援》在日コリアン女性や女性相談を受けている相談員へのPCAGIP法
姜　潤華　104

第13章
《災害支援》被災地における養護教諭へのPCAGIP法
内藤裕子　110

# 第3部　PCAGIP法の運用方法の展開

第14章
《フォーカシング指向》フォーカシング指向のPCAGIP法
堀尾直美　118

## 第15章
《リフレキシブ／オンライン》リフレキシブPCAGIPとオンラインPCAGIP

押江　隆　125

## 第16章
《集団・多人数・大規模》複数セッション同時並行PCAGIP法

中島真夕　131

## 第17章
《自己への気づきのコミュニティ》夢PCAGIPの実践

筒井優介　137

# 第4部　PCAGIP法と現代社会

## 第18章
PCAGIP法の実践を通して考える現代の日本社会

藤中隆久　144

## 第19章
フロア参加者間における力動の観点──何が起こっているのか

中田行重　154

## 第20章
PCAGIP法の研究

上西裕之　162

## 第21章
PCAGIP法の本質を考える──その哲学と態度を生きるには？

永野浩二　173

文　献　183
あとがき　村山正治・中田行重　193

第 **1** 部
# PCAGIP法の実際

# 第1章

## 事例検討法（PCAGIP法）の理論とワークショップ

村山正治・村山尚子

　近年は政治、経済、気候、地球環境など、つねに激しい変化が続いている。そしてわれわれが社会生活を営む上においても、考え方、意見や態度が大きく変化している。「価値観の多様化」「生き方の多様性を認める社会への変化」により、ある特定の価値観から導き出される「正しい答え」が、今我々が抱えている「困り事」の解決へとつながる手立てとして必ずしも納得が得られなくなっている。したがって、いろんな場面で納得のいく「困り事」に対する支援の方法をそれぞれが創造的に見出していく必要に迫られている。今現実に、学校現場に於いて、医療現場に於いて、また福祉の現場に於いて、多職種がチームを組んで対話を通して支援の方向を模索する土壌が徐々に育てられてはきている。がしかし、これも実際には葛藤が多い現場になっているように見聞きしている。産業組織でいえば、本書の第6章で西木聡が企業におけるパーソン・センタード・アプローチ（Person-Centered Approach、以後PCA）による意識変革の試みを報告しているが、そういうことが必要な時代になっている。

　現代のこのような社会の動きに対して、2010年代に創案されたPCAGIP法はPCAを土台に新しい発想を積み上げ、解決へのヒントを得るプロセスを体験するツールとなった。これは心理臨床現場のみでなく、幅広く様々な支援関係機関の領域においても受け入れられ、実践されてきている。

　第1章では、PCAGIP法の理念を述べ、これまでのPCAGIP法ワーク

ショップ体験実施の歴史を整理し、そして2024年5月に実施した創元社PCAGIP法セミナーでの実践をリアルに読者のみなさまに提供することを試みる。

## 1．PCAGIP法の新しい視点と理念

①事例が主役でなく話題提供者が主役。
②話題提供者を理解することが目的。
③カンファレンスの場をコミュニティととらえる。ファシリテーター・話題提供者・記録者（記録係）・金魚・金魚鉢の全員が参加者である。
④参加者全員がリサーチパートナー。観察者の立場はなく、話題提供者への理解を深める共同研究者。
⑤心理的に安全なグループ体験。話題提供者が安心して自己や事例を語り、それを受容される体験。
⑥多様な視点の創出、状況・現状の視覚化。事例と話題提供者を含む支援ネット全体構図を視覚化する工夫。
⑦板書記録の重要性と効用。全体で理解し、共有することにPCAGIP法の意味がある。板書（黒板・ホワイトボード）に記録することの効用はそこにある。
⑧みんなでプロセスを生きると、多様な学習プロセスが展開する。
⑨みんなで創る事例理解の物語。話題提供者が困っている点を短い文章で記した資料から、みんなで物語の全体像をクローズアップする。
⑩話題提供者、事例をめぐる援助ネットワーク図が見えてくる。

## 2．PCAGIP法の定義

①簡単な話題提供資料からファシリテーターと参加者が協力して、参加者の力を最大限に引き出し、その経験と知恵から話題提供者に役立つ新しい取り組みの方法や具体策のヒントを見出していくプロセスを学ぶグループ体

験である。
②構造はファシリテーター・記録者・話題提供者・フロア参加者で、通常8名～10名程度の人数で構成される。
③情報共有のために、記録者は通常2名、黒板またはホワイトボードを2～3枚程度準備することが多い。
④約束としてフロア参加者はセッション中のメモを取らない。
⑤話題提供者を批判しない。
⑥解決法は出なくてもよい。話題提供者にとってヒントが出ればよい。ヒントでよいという考えはPCAの個人セラピーにも通用する。中田（2022）はクライエントは自分の問題について「何とか出来そうだ」という感覚、すなわち問題を自分の手中に把握しているという感覚 sense of grip を求めて来談する、と述べている。すなわち、ヒントが湧くことは問題に対する把握感が生まれていることを意味している。

## 3．PCAGIP法の手順

①話題提供者は自分の検討したい事柄をB5用紙1枚程度にまとめ（資料を用意することもある）、それをグループに伝える。
②それを聴いたフロア参加者（金魚のメンバー）は、それについてわからないこと、気になること、もっと知りたいことなどを座っている位置の順番に、1人が1回につき1つの質問をして、話題提供者の返事を聴き、事例の状況を理解することに徹する。
③その問いと応答を記録者が黒板かホワイトボードに書く。
④フロア参加者（金魚のメンバー）全員が質問を1ラウンド（一巡）あるいは、2ラウンド（二巡）したら、ファシリテーターは情報の整理をする。
⑤ファシリテーターは多様な視点が出てきていることを確認したり、促進したりする。
⑥金魚鉢のメンバーがいる場合にはそちらのメンバーからも質問を受ける。
⑦2時間程度で全体状況の理解が視覚化されてくる。自ずと全体が読めて、

解決の方向が見えてくることが多い。残り時間や話題提供者の様子などから、次の進行を話題提供者と相談して決める。
⑧話題提供者が今、感じていることを述べて終わりとなる。

## 4．用語について

　PCAGIP法には特有の用語がある。また、人によって違う用語を同じ意味で使うこともある。よって本書での使い方を以下に説明しておく。

### （1）「PCAGIP」「PCAGIP法」
　「PCAGIP」は「Person-Centered Approach Group Incident Process」を略したもので「ピカジップ」と呼ぶ。村山正治が考案した日本発信のPCAのグループアプローチである。日本特有の読み方なので海外で「ピカジップ」と言っても通じない。意味は「PCAGIP」も「PCAGIP法」も同じだが、文脈などで意味合いにごく微妙な違いが生じることもある。本書では基本的に見出しでは「PCAGIP法」に統一するが、本文での表記は著者の意向に配慮したので必ずしも統一していない。

### （2）「話題提供者」「事例提供者」
　元々、PCAGIP法は心理臨床の事例検討のための新しい方法として始まったので、論述においては「事例」という用語を用いて「事例検討」「事例提供者」などの用語が使われることが多い。しかし、PCAGIP法で検討する話題は必ずしも臨床現場で扱われる事例とは限らない。個人的な問題とか気になっていることでも適用できる。そこで、本書では臨床関係者を意味する「事例提供者」ではなく、その人（パーソン）個人を主役とするという意味合いを込めて、基本的には「話題提供者」という用語で統一する。しかし、「事例」や「事例検討」という語がより相応しいと思われる場合はそちらを用いる。

第1部　PCAGIP法の実際

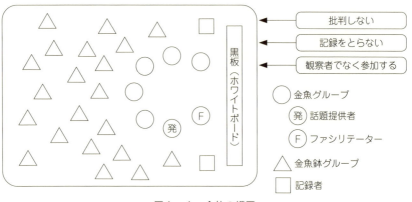

図1−1　全体の構図

## （3）「金魚」「金魚鉢」「フロア」

　PCAGIP法における参加者の座り方は、参加者の人数や話題提供者の希望、またPCAGIP法に充てられた実施時間やファシリテーターなどによって異なる。図1−1はその座り方の一例を示したものである。たとえば、10名の参加者がいるとしよう。そのうち話題提供者、ファシリテーター、記録者が1名ずつとすれば、残りの7名がフロア参加者として質問する側に回る。しかし、参加者が全50名いる場合を考えると、47名が順に質問していくのでなく、たとえば、そのうち7名が質問するフロア参加者となり、残りの40名はその外側を囲む外野席のような位置に座ることになる。この場合、7名を"金魚"と言い、40名を"金魚鉢"と呼ぶ。金魚鉢からその中の金魚を眺める、という位置感をイメージしてもらうとよい。しかし、金魚鉢はたんなるオブザーバーでない。進行具合や残った時間などにもよるが、金魚による質問がある程度終わると、金魚鉢サイドから質問をする、という流れになる。金魚鉢サイドにいたことで、金魚メンバーとは異なる視点が生まれ、そこから意外な質問が飛び出し、PCAGIP法の展開に寄与することも少なくない。

　「フロア」は金魚のメンバーを指すことも、金魚と金魚鉢を含めたメンバー全体を指すこともある。

（4）「ピカ支援ネット図」「援助ネットワーク図」「ピカマップ」

　黒板あるいはホワイトボードには質問と返答を書いて記録していくことになっているが、黒板（ホワイトボード）の広さやPCAGIP法全体に割り振られた時間、質問や返答の長さなどによって、端折ったり詳しく書いたり、など様々な展開がある。矢印を入れたり、色を変えたりすることが必要になることもある。そのようにして書かれた情報が増えて、提供された話題にかかわる様々な情報が描かれたものを「ピカ支援ネット図」「援助ネットワーク図」「ピカマップ」などと呼ぶ。というのも、書かれた情報が増えるにつれて話題に登場する人物（事例）やその人々の想い、支援者やリソースなどのつながりが浮き上がって見えてくるからである。これらの用語に意味の違いはないので、学術的には呼び名を統一すべきであろうが、そうしないのは、村山正治がその時々の考えや気分でそれにフィットする用語を用いることを許容する雰囲気がPCAGIP法の関係者の間に共有されているためである。

## 5．PCAGIP法のプロセス

①みんなで創り上げていくプロセスを体験する。
②多様な視点が刺激になる。
③安全な雰囲気の中で、表面的な触れ合いからメンバー間の相互作用が生まれ、予想外に展開が起こることもある。皆で一つのことを追求していく一体感が生まれ、中核部分に迫る面白さがある。
　PCAGIP法体験のワークショップは、一言でいえば、1人ひとり異なっている多様なメンバーが主体となって、自己理解、他者理解を体験する場である。相互理解のプロセスを経験しながら、その関係性のプロセスの中から何か新しい解決へのヒントが生み出されてくることを共に学んでいく場といえる。

## 6．PCAGIP法ワークショップのこれまで

　PCAGIP法は村山正治・中田行重はじめ多くの仲間達を中心として研究、実践を重ねて展開されてきた。本書は様々な対人援助職領域におけるそのバージョンアップを掲載したものである。また、本法は広く公募するワークショップ型のセミナーにも発展してきている。2012年春、第1回目のPCAGIP法ワークショップ開催後の経過をみると次のように整理できる。

・2012年3月：初回のワークショップ（村山正治・永野浩二・本山智敬）。
　　　　　　　琵琶湖湖畔彦根にある関西大学施設にて2日間開催。
　（2012年8月：『新しい事例検討法PCAGIP入門——パーソン・センタード・アプローチの視点から』（村山正治・中田行重編著、創元社）。）
・2016年〜　：「創元社セミナー」が春（Two Days）・冬（One Day）の設定で、年2回企画開催（ファシリテーター：村山正治・尚子）。コロナ禍の2年間を除いて2024年の現在まで継続中。
・2022年9月：日本人間性心理学会招待のPCAGIP法ワークショップ。
　　　　　　　（ファシリテーター：村山正治・尚子）
・2023年11月：国際力動的心理療法学会招待のPCAGIP法ワークショップ。
　　　　　　　（ファシリテーター：村山正治・尚子）
・2023年12月：日本キャリア・カウンセリング学会招待ワークショップ。
　　　　　　　（ファシリテーター：村山正治・尚子）

　その他、東亜大学・熊本大学・関西大学・佛教大学・立命館大学等で村山正治がPCAGIP法の事例検討会や集中講義を実施してきた。
　現在も多領域の学会や団体から講演、ワークショップの要請が来ている。

## 7．筆者たちのPCAGIP法における2人ファシリテーターコンビの誕生

　2016年創元社PCAGIP法セミナー以来、学会などに於いても村山正治・尚子のファシリテーターコンビが継続しているが、この経緯に少し触れる。村

山尚子は彦根で開催されたPCAGIP法初回のワークショップにはじめて参加した。そこで尚子はそれまで長年経験してきたPCA関連の活動（パーソン・センタード・セラピー、ベーシック・エンカウンター・グループ（BEG）、ネットワーク、コミュニティなど）からの新しい展開としてのPCAGIP法を深く理解することができた。自分自身にとって馴染み深い活動領域の延長線上に、新しい事例検討法があることを体験的に学んだ。とくに、（金魚）メンバーが１つひとつ問いかけをしていく事例検討の流れに沿って、記録者がリアルタイムに板書していくPCAGIP法の独特の構造を金魚鉢で参加していた尚子は初めて体験した。尚子は話題提供者の内的照合枠（internal frame of reference）を容易に共感的に理解でき、話題提供者自身や事例の中で語られるクライエント、またそのクライエントに纏わる登場人物や状況、その関係性、そして全体像やネットワークが見えやすくなっていくのに驚きを感じた。

　感動したその勢いで、このPCAGIP法体験学習に興味を持った私（尚子）を含めた４〜５人の参加仲間が、ワークショップ中の夜の飲み会後にも、自主的に小さなホワイトボードの前に小さな円陣を組んで、「自分の気になっていること」を取り上げながら、興味深く「PCAGIP法」を何度も試みたのだった。この体験は今でも尚子の思い出の１つになって残っている。以降、村山正治・尚子は多くの「PCAGIP法ワークショップ」開催時のパートナーとなり働くことになった。

## 8．PCAGIP法におけるファシリテーター

　BEGのファシリテーター体験から、村山正治が論ずるPCAGIP法の理念を理解すると、BEGのファシリテーターとの共通点が多い。
①メンバー１人ひとりが自分理解への道をたどり、メンバーの相互理解へのプロセスを共にたどる人。
②メンバーのそれぞれの力を尊重しながら、風土創り（信頼と安心の場づくり）をする人。

③具体的には、ファシリテーターが理解していることをありのままに伝え、感想を述べたり、プロセスの振り返りをしてみたりする。結果として参加者の自己理解、事例全体のつながりや全体の様相が見えるプロセスが展開する。
④プロセスモデルを重視する。楽しむ。したがって結論に導こうとはしない。
⑤グループに入れないメンバーをどのように大切にできるかを工夫する。

## 9．2人ファシリテーターについて

　ファシリテーションを協同する人で、両者は対等の立場で促進していく。
　その場では2人のファシリテーターは促進し合っている。それは進行する流れの中でファシリテーター相互がそれぞれの体験過程をフィードバックし合っているからである。そういう意味でも両者はプロセスを生きているとも言える。多数回を経験していても、新たに相互のフィードバックで学び合っている。また、ファシリテーターの一方がメンバーへの受けとめが不足している時には補える。協同するということは、やはりむずかしい複雑性を体験するが、一方で多様性を体験する重要な要素になり得る。

## 10．PCAGIP法体験記録
　「その時が来るまでつきあい続ける"学校の中の駄菓子屋のおばちゃん"」

　正治・尚子の2人ファシリテーターで実施したPCAGIP法の実例の逐語記録を以下に示す。今回のPCAGIP法は書籍化を前提にして参加者を募り実施した。またプライバシーにかかわる部分を削除した上、記録上の登場人物については特定できないよう省略や改変をしている。

参加者
　話題提供者（Bさん）
　記録者（Cさん、Dさん）

金魚グループ（Eさん、Fさん、Gさん、Hさん、Iさん、Jさん）
金魚鉢グループでの発言者（Oさん、Pさん、Qさん、Rさん、Sさん、Tさん）
ファシリテーター（村山正治、村山尚子）

B（話題提供者）：よろしくお願いします。
　中3女子Aさんについて、私は、彼女が小学校3年生の頃から、今年で7年目になりますが不定期に面談をしています。今は、月2回ぐらいのペースで会っています。Aさんは家庭環境が複雑で、今、中3で進路決定の時期なので、スクールカウンセラー（以下、SC）として、自分が、彼女自身や、先生方に対して、どういうサポートができるかというのを、検討していただきたいなと思っています。よろしくお願いします。
正治（ファシリテーター）：はい、ありがとうございます。中学3年生女子のAさんとは3年生の頃から面接を不定期に月2回ぐらいしていて、家庭環境がすごく複雑な様子です。今、中3ですから、将来の決定について、どうするのかなというところをSCとしてはサポートしていきたいが、そのことを検討したいんだということで、これを出されたということです。じゃ、金魚さんお願いします。

〈金魚さんの問いかけ（第1ラウンド）〉
E（金魚）：はい。お願いします。中3のAさん、どこか何か進路について行きたいところとか、そういうような話はあるのでしょうか。
B：動物が好きで、動物、生き物関係の仕事をしたいという話なんです。先生方や本人が、ちょっと家を離れたほうがいいのではないかということで、遠方の高校がありまして、進路先としては、具体的に話が挙がっているんです。ただ、家族には反対されている。そんな感じですかね、はい。彼女は支援学級に今在籍しています。
尚子（ファシリテーター）：次の方、どうぞ。
F（金魚）：一番最近にAさんが先生のところにいらっしゃった時の、彼女の

様子、どんなふうに来られて、どんな表情だとか、どんなふうな感じだったかというのを、できれば具体的に教えてください。

B：私は、彼女と、粘土の作品制作をすごくよくするんです。最近も粘土で駱駝（らくだ）の作品を作るんですけれども、それがどんどん進化して、一番最近に駱駝を作ったのが、今までになく女の子らしかったんですよね。

　それで、作った本人も、「何か、これ、可愛いなあ」とか、「すごく可愛いな」とか言っていたんです。粘土が柔らかいから、いつも私は面談が終わった後に、新聞紙を丸めて固定して乾かすんですけれども、その固定の仕方が今回は思ったとおりにならなくて、何か横に寝そべったみたいな仕上がりになっていたんですよ。それを2人で見て、「あーあ」とか言って、「私が女の子らしいのを作ったらだめってことかなあ」とか言うから、私は「ああ、いやいや、まあこれも可愛いんじゃない？」とか言いながら粘土を見ていました。

　また最近の話としては、修学旅行がもうすぐあるのですが、何となく、どの班に入れるかなあというのが、ちょっと彼女の心配だったのです。けれども、1人の子が、「まあ、入れてあげるわ」みたいな感じで入れてくれて、「うざいけど、よかった」みたいな、何かそういう話をしていました。はい。

G（金魚）：不定期に面談をしているということですが、援助要請を自分から出せるのか、支援学級の先生が「行くね」みたいな形なのか、教えていただけますか。

B：付き合いが長くて、支援級の先生も協力的なので、先生が声をかけてくれるんです。それで彼女は抵抗なく、「この時間、行っといで」と言われたら、すっと来るみたいな、そういう会い方なんですね。

正治：うんうん、なるほどね。次お願いします。

H（金魚）：3年からだから、7年目に入って、けっこう長期にサポートをしてきておられるBさん、SCとしてあと1年ということですよね。Bさんとしたらどんなふうになったら、終了に当たって「ああ、よかった」と思われるか、イメージがあれば、教えてください。

B：家庭環境的に、大人の事情にすごく振り回されてきたので、家から離れ

## 第1章　事例検討法（PCAGIP法）の理論とワークショップ

た環境で高校生活を過ごす……。これは私の価値観なのかもしれないけれども、過ごさせてあげたいな。できれば、彼女を見守ってくれる他者の大人に、大事にサポートされ見守られながら、高校生活を過ごして、まあ大変だとは思うんですが、家から離れた場所で、自分の力を培ってほしいな、と思ってはいるんです。

　ただ、何かやっぱり、家族の反対も大きいので、本人の心も萎えるんですよね。何か投げやりな感じのことを言ってみたり、浮き沈みは今すごくあって、中学3年なので、自分の育ってきた環境のこととか、他の子、同級生との違いとかも自覚してきて、何か内向性が増していて自分を厳しく責めるような感じもあって、これは成長とも言えるんだけれども、その中で、ちょっと家から離して仕切り直す環境で進路が決まっていったらいいなあというのは、私や学校の先生の願いです。

正治：自分を責めすぎたんですね。

Ｂ：今はちょっと治まっているんですけれども、中学2年の頃は自己否定の様子が見られました。

正治：ああー、うーん。ああ、そうなんだね。

Ｉ（金魚）：よろしくお願いいたします。大人の事情に振り回されているとかというような、その背景というところで、今後、進路を決めるために、やっぱり三者面談とかがあると思うんです。家族構成とか、とくに反対されているのは誰なのかな、教えてください。

Ｂ：（複雑な家族について具体的に述べる）……今回、先生と面談をして反対しているのは保護者Ｘさんなんです。ヤング・ケアラーみたいな状態で、学校に来なかった時期があったのです。それで児相にも繋がったんですけれども、一時保護にはならずに、時々登校できるようになって、先生たちに見守られながら3年生になったのです。

　そんな中で、私や周りの先生たちは彼女を見ていて心が動き、何とかしてあげたいと思う気持ちが働くし、彼女自身の人間力みたいなものが、すごくあるんですね。うまく言えないんですけれども、彼女の強さというか野性的な感じというかを感じるので、先生方は寄り添いたくなるようなキャラク

ターというか、人間性を持った人なんです。
J（金魚）：小学校3年の時からの付き合いじゃないですか。小学校3年でお会いになる時の、主訴というか、どういう理由でBさんのところに来ることになったのですか。
B：それは、多分保護者Wさんとのことで学校に来たり来なかったり、ちょっと不登校気味でごたごたしている時に、「SCの先生に話をしてみない？」ということで、先生方が勧めてくださったと思うんです。最初のきっかけはそれかな。
正治：だいぶ今、SCのこととか小学校での今までのこととか、いろんなことが質問でわかってきました。家庭の状況が、複雑なんだけれども、もうちょっと家族の状況みたいなものを知りたいです。
B：小学校に入った1年の頃は、私がまだその学校にいなかった時から支援学級に在籍していて、それ相応のポテンシャルがあるのに何故だろうかと思うんですが、保護者Wさんとは生まれてすぐに別居していて、保護者Xさんと、もう1つ、保護者Y・Zさん2人の住む家があって。彼女はそちらの家をメインに暮らしています。それで、その保護者Yさん・Zさんとも関係がいい時もあるけれど、やっぱり暴言を吐かれたり、暴力的なかかわりがあったり。彼女も相応のかかわりをしていったり、そういう環境です。
正治：はあ。はい、複雑な事情があるとわかってきました。
B：はい。私も彼女の話を聞く中で、わかりにくいです。でも親戚、知り合い絡みで大人たちが集うことがすごく多いんです。そこに彼女が一緒についていくという話はよく聞くんですね。
尚子：だいぶ理解したのですが、先ほど、人間力というか、ポテンシャルのある子ではないかなあと感じておられる先生方を含めて支援者は、この子に温かい繋がりを持っておられるのではないかと私は想像するんです。そういう中では、Aさんは何か自分の持ち味というか、ポテンシャルを発揮できるようになる過程があるのかなあと私は思い、何か可能性を感じているんですけれども。
B：そうですね。中学校に入って部活に入って、トロンボーンを担当してい

ます。面接の時に、いつも「辞めたい」「辞めたい」「嫌だ」と言うんですけれども、発表の時はけっこう恰好よくやっているんですね。でも、未だに「もう辞めたい、辞めたい」と毎回言うんですが、私はやれるんだと思うし。でも、部活は気力が萎えることもあるから、ぎりぎりのところで頑張っているんだろうなというのはあります。

　小学校の時も、怪我をした時、本当にひびが入っていても、病院にも連れていってもらえなかったりとか。そういう中ですが、本当に先生方のサポートを受けて育っている部分と、こうして見るとひどい家族みたいに思うけれども、やっぱりどこかこう保護者Xさんとかも、今の彼女をつくっている一部だから、その保護者Xさんにも何かサポーティヴな部分があるのかなと思います。

正治：そうだな。

尚子：もう1回、回りますか。

正治：いやいや、ちょっと待って。一応ファシリテーターというのは、1回巡ったら整理する役割があるんよね。それで、今は皆さんがたくさん丁寧な質問をしてくださって、いろんな面が見えてきて、理解できてきたんですけれども、1つは、この子の家の事情がとても複雑で、保護者Xさんのところへ行ったり、保護者Yさん、保護者Zさんのところに行ったり、時には保護者Wさんのところに行ったり、複雑な中で育ってきたというのがわかってきました。

　それから、自己否定的な状態になったり、かなりご本人もその影響を受けて、何かいろいろ傷つきやすい部分が、見えてきているんだというのが2番目ですね。

　それから3番目は、今、尚子の質問にもちょっと出ましたけれども、1つ可能性として、部活は自分で入っているというか。トロンボーンとか、そういう世界を持っている部分があるのと、それから、Bさんが言っている中で、粘土を作ったりもする感じで、非常に何か可愛らしい部分というか、彼女のそういう、ある意味のよさが見えてきていることが、プロセスの中でちょっと出てきています。修学旅行も大変だったんだけれども、一応班分けで何と

か行く方向には動けている、そんな感じで、今のところの整理はいいですかね。

尚子：それからもう１つ、自己決定力がわりとあって、保護者Ｗさんにあることを問いかけられたら、自分自身で決め返答をしたんだよね。

正治：そうなんです。正解だよね。

尚子：うん、そう。そういうふうに自己決定力がわりにあって、それをサポートするネットがあるのではないかなというのを想像します。

正治：ああ、そう、それは大事な点です。つまり、この子の持っている自己決定能力とか、拒否できる力、それらが残っていて、いろんなポイント、ポイントで、ちゃんと自分の主張をできているというか。そういう面が、今までわかってきました。これは、２人ファシリテーターの強みです（笑）。

〈第２ラウンド〉

E：今支援学級に通っているということなんですけれども、彼女自身に何かそういうハンディキャップはあるのでしょうか。

B：学力がやっぱり低いのと、彼女なりの人との対処法なのか、最初に小学校の時に会った時、昆虫を常に食べているとか、クマの子どもをやっつけたとか（笑）、何かちょっとよくわからないエピソードが出てきて、また、秘密基地をつくってそこに住んでいるとか、川で流されかけたとか、何かそういうアドベンチャー的な話が出てきています。現実かどうか、まあ否定する話でもないなと思って、「ああ、そうか、そうか、すごいな、すごいな」とか思って、もうずっと聞いているんですけど。

でも、私は、そんなにハンディキャップがある子という感じは受けていなくて、彼女の世界があるしコミュニケーション能力はあるというか、内的な繊細な部分と、外での見せるギャップみたいなものは、すごく感じていました。そもそもそういうギャップがつくれる子だから、そんなに能力が低いとは、あまり思っていなくて。

エピソードで、同じクラスの子が不登校になって、ＡにLINEでずっと何度も愚痴を言っていたんです。LINEで、毎回４時間ぐらい付き合っていた

というんですよね。それで、その不登校だった子は、今は学校に来ていて、さっき、彼女に修学旅行で、「あんた、私のグループに入れてあげるわ」と言った子なんです。何か、力関係がいつの間にか逆転してしまっているという感じなんです。Aは付き合いは献身的なんだけれども、ちょっと言葉が違うかもしれないですが、搾取というのかなあ。何か私はうまく言えないんですけれども、うまく彼女に還元されていない感じをそのエピソードからも受けました。だから、家庭内でも、やっぱりうまく大人に合わせていたら、お小遣いを貰えるし、怒られないし、みたいなことを言うんですけれども、何か安心して生きられていない場面が多いかなと思います。

E：ありがとうございました。

B：答えになっていたかどうか。はい。

正治：大事な質問ですね。

F：今のお話を聞いて、私の思いが溢れて来ています。

　だから、動物的にサヴァイヴするみたいな、アドベンチャーとして、駱駝を作ったりしながら、そこのところを生き抜いてくるみたいな。それで、自分の中のものと外のものとの中で、そういうふうにやっている子かな、ということが溢れてきて、本当に生きようとしている、そんな子のように思えて溢れてきたのです。

B：ありがとうございます。そうなんですよ。それは潜在的な感じはしていて、もう思春期真っただ中、本当に彼女自身が自分の環境をわかってきて、何か人との違いを理解していく中で、私は彼女がそれを受け止めて越えていけるサポートをしたいのです。

　私は通勤で、車で帰るんですけれども、彼女を通勤の車で追い越したことがありました。途中まで何か友達とワイワイしていて、それで、そこから友達と別れて1人で歩いていた時に、何かもう死んだ魚の目みたいに1人でとぼとぼ歩いているのを2回ぐらい見たことがありました。「ああ、こんな目をしているんだ。1人の時は」というのがすごくあって、たぶん言葉にならない大変さが、これから彼女を苦しめるのではないかなというのが、すごくあるんですね。

だから、その家から離すということが、ある面、よいこともあるけれども、ものすごいチャレンジでもあるから、自分で人とコミュニケーションを取って自分の居場所をつくっていくという、すごいことでもあるから、何かそこも悩ましいことです。

G：支援学級に在籍じゃないですか。私の思っていたイメージと何か、このAさんの力というか、生きる力がものすごくあるなというのは、本当に感じるんですね。これだけ複雑な家庭環境の中で、サヴァイヴして、思春期を迎え、もう中学校を卒業後どうするかというところまで、本当にやってきたということ自体、すごいなあと思うんです。

支援学級のこと、学校側の先生たちが、もう支援学級の方がいいかなと思っても、親がなかなか認めないケースが多いかなと思うんです。けれども、保護者Xさんは、あまり抵抗がなかったのか？　これだけ人に対して、援助要請を出せていて、すごく力があるのは、支援学級の中での先生とのかかわりや、B先生との関係の中で育まれてきているのだろうと思います。ちょっとうかがってみたくなりました。

B：そうですね。わりと交流（通常）学級と行ったり来たりはしていますね。授業も、支援学級だけではなくて、交流学級でも受けていることが多いんですけれども、やっぱり年齢を経るに従って、この交流学級ではポツンとしている感じが、出てきている気がします。家族については、最初に小学校の時に支援学級に入った経緯が、私にもわからないのですが、「もうできない子だから、支援学級で」みたいな感じは、あった気はしますね。

H：家庭的にも、十分なケアを受けないまま大きくなってきていて、それで、学校の中でいろんな先生がかかわってくれる、かかわりたくなるようなキャラでもあるのだけれども、友達からは少し搾取というような点も含めて、十分に仲間に受け入れてもらえているのかな、みたいなことは気になるところでもあると思うんです。

そんなAさんに対して、ずっとカウンセリング活動をやったり、一緒に粘土作りをやってこられて、それで、本音で、「仲間に入れてもらったんだけど、ちょっとうざいわ」とか、「私がつくったら、女の駱駝はいけないのか」とか、

結構いろんなことをBさんを相手に吐露しておられるという、いい関係なんだと思っているんですけど。

　Aさん自身は、Bさんというところに、何をしに来ているつもりでいるのかなとか、またここへ来続けるということが、Bさんとのかかわりが何を彼女にもたらしているのかなみたいなことについての、Bさんの思いを知りたいです。何かそういうのを積み重ねていったら、彼女は家から離れて、仕切り直しをすることになるのかもしれないです。そうなっていくために、彼女がBさんとのかかわりの中で、どんな力をつけてくれたらいいか、彼女は今でも人とのかかわる力はあるんだけど、もうちょっとこの辺の力がつけば、仕切り直しに一歩近づくんじゃないかな、とか僕は思うんですが、何かその辺の思いを教えていただけたらと思っています。
B：本当に人間力があると思っているので、自分を「ダメだなあ」とか、「自分って、できないんだ」とか、理不尽なことを周りからされるのに値すると思ってほしくない。素晴らしい方だと私は思っていて、そこを応援したいです。

　でも、やっぱり本当にこう不安定というか、浮き沈みがあるから、すごく投げやりに、機嫌悪そうにして過ごす時もあれば、何か機嫌よく粘土を作っている時もあれば、家族のことを喋るようになったのは、去年の終わり頃からで、6年間ぐらいはそんなことを一言も喋らなかったんだけれども、ある時に、わりとばーと喋ってくれました。

　うん、「それでいいんだよ」というのを、すごく伝えたいです。けれども、ちょっと私も伝え方がわからない。なので、どんな態度だと伝わるのかなと思ったりしています。
J：そこら辺を、今日得られたらいいなという感じですか。
B：はい。彼女の何か内側にあるものに、触れてアプローチするというのは、SSTっぽいことで何度か試みたことがあるんですけれども、それをすると、むちゃくちゃ傷ついてしまうんですよ。うわーっと泣き崩れたりして、「ああ、もうやめとこう、やめとこう」みたいになったことが2回ほどあって。だからこのやり方は、この人とよい体験をするのに、私がやることとは違うんだ

と、彼女との関係の中で私自身が学びました。
　じゃあ、そうしたら何ができるのかなと思ったら、やっぱり一緒に粘土をこねて、でき上がった作品を彼女のイメージどおりの形になるよう、帰ってから、新聞紙を丸めて補正して、次の週に一緒に見ることかな、と思ったりしているけれども、心もとない自分が。
尚子：Jさんはそれを感じられて咄嗟に発言してくれたんですね。
J：はい。
I：この全体的なものを見た時に、すごくAさんに対する背景のところまでかかわって時間をかけて関係性をつくったからこそ、「あっ、この人になら自分の背景というのを話してもいいのではないかな」ということが、汲み上げられたのだと思います。あと、感想になってしまうんですけれども、このAさんを語る時のBさんの表情が、ものすごく明るい表情です。もう本当に、「もうこんなに人間性のある人っていないんですよ」というのを、前のめりでこう語られて、何か表情がすごく明るくて、本当に愛ある言葉というか、思いが表情で伝わってきたというところがあります。
　その表情というのは、Aさんにはものすごく伝わっているのではないかな、だから、一緒に粘土をつくれる関係性ができている、それってすごくいいなと思いました。
B：ありがとうございます。こちらは「ヤケにならないで」とか、「応援しているから」とか、表面的なことしか言えないんですけど、うーん、はい。
尚子：本当に深い愛というか、そういうものを感じる。
J：いいですか。今、2巡目（第2ラウンド）の最後に私はなるんだけれども、教えていただいたことで印象に残っていることがいくつかあるんですよ。1つは、粘土細工の話です。Bさんは保存がうまくいかなかったから、みたいにおっしゃっていたけれども、倒れていたんですよね？　それを見て、「可愛くないから」とご本人はぽろっとおっしゃったという話が1つ印象深くて。2つ目が、修学旅行のグループ分けです。「私を入れてくれるところはないかなあ」みたいな、そんな不安みたいなことを口にされたということです。
　もし教えていただければありがたいなと思うところは、下校時に先生が車

で追い抜いていった場面があったじゃないですか。友達と歩いている時と、1人になった時、全く別な、魚が死んだような目をしていたとおっしゃったでしょう？　あの時に、僕は話を聞いていて、先生が声を震わせているなと感じたんですよ。それで、僕も震えたんです。

　これが同じかどうかは、ちょっと置いておいて、何かすごいBさんは車の中で感じられたものがあって、それが今語っていても、震わせる力を持っていると思ったんです。

　その感じと、教員の方たちが寄り添いたい、とかサポートしたいという思いの根底にある、Aさんに対する思いというのがあったから、ああいうふうに何々したいと出てくると思うんだけれども、何だろう。僕は、僕の受け止めで言うと、このいじらしさみたいなものに僕は震えたのです。いや、先生は違うのかもしれないけれども、何かそこら辺、魚の死んだような目でぼそぼそ歩いていた彼女を見た時の先生の思いというのを、もう少し語っていただけるようだとありがたいなと思っています。

B：ありがとうございます。やっぱり、そうですね。ありがとうございます。やっぱり見たことがない表情だったんですよ。あんな顔は見たことがなかったのですね。そうだったけれども、ああやって過ごしていることも、きっと多いんだろうなと思うから、私は、その顔に出会ってしまったという感じがあって、私は出会ったことで、その彼女というものが、またより自分の中で深くは刻み込まれるけれども、SCだから、卒業したらやっぱりかかわることはほぼなくなるし、もう本当に期間限定のかかわりなので。そう、うん、幸せになってほしいと願うばかりですね。はい、はい。

J：ありがとうございました。

正治：はいはい、はいはい。どうも、どうも。何かそういうのをまとめて、という感じもあり、記録係にも渡したいし。

尚子：記録の人と、どっちを先にします？

正治：いやいや、まだまだ。まだ、もう1回、あっち（金魚鉢）にもあるし。

尚子：はいはい。

正治：うん。

尚子：あっ、記録の人は、今、特になければ……。ね。
正治：僕はまだ言っていないよ（笑）。こうやって揉めることが大事なんです。それで、僕はまだ終わってないから、僕が言いたい事が2つあるんです。1つは教員ですね。この事例を見ていると、サポートしているあなたの力が非常に大きいというのはよくわかるんです。それで、もう一方かかわっているのは、教員ですよね。その教員は、どんな、サポートをしたり寄り添いたいと、たとえば、具体的には、教員は、Aさんにとってはどういう存在に見えているのでしょうか。
B：そうですね。支援学級の先生、女性の先生なので。
正治：ああ、女性の先生だね。
B：はい。やっぱり関係はよくて、たとえば、物が揃っていなかったら、どうしたらいいんだろうとか、ちょっと服の汚れが取れないんだけど、どうしたらいいんだろうかとか、そういうことを言っている先生なので、Aさんも何かいらした時は、その先生にぶち当たったりとか、人には当たらないようになんですが、物を投げたりとかしているから、わりと家族的な面のニーズを、その先生が引き受けてくださっているところがあるんですよね。
正治：引き受けている、ああ、なるほど。だから、先生が、あなた以外に、この人のサポートしている人の1人に十分役立っているわけですね？
B：はい。
正治：はい、それを確認したかったのが1つです。それから、もう1つは、あそこ（板書）に出ているんだけれども、どうやったら素晴らしさが伝わるか。自己否定しなくなるか。それは大きなテーマですよね。

　それで、あんまり内容に触り過ぎると、傷つけてしまうというのも、あなたの感じですよね？　それで、粘土をこねるだけでいいのかなとかね。その点について、もっといろんなことをやってやるという意見もあるし、そこで「こねる」ということを、あなたの前でやれるということの意味というのかな、あなたの前でこねることを実際にやれる。おそらく、よほどでなければこういうことはできないのではないかなみたいな、それをやれるということの意味もあるような気がするんです。

第 1 章　事例検討法（PCAGIP 法）の理論とワークショップ

そのあたりのあなたの葛藤を、もうちょっとこう強く触れていったほうがいいのかなとか、それから、やっぱり、こねるだけでもいいのかな、みたいなふうに見えるんです。両方見えるけれども、あなたは、その辺はどんなふうにお考えでしょうか。
Ｂ：何か、先ほど、村山正治先生がおっしゃった、その方法論と臨床という時に、何かやっぱり、これは彼女に限らずですけれども、何かある時も、SC としての自分ですが、あんまり相談件数も多くなくて、ちゃんとやれているのかな、という時に、その方法論というか、何かをもたらしたいな、という気持ちもあるんです。10 年ぐらいやっているので、自分の SC としてのあり方を、模索している真っ最中です。

イメージなんですけれども、学校の中の「駄菓子屋のおばちゃん」みたいな人でいたいと思っているんですよね。子どもらが深いところを喋って、何か症状がよくなるとか、それはもう置いておいて、来たら、ちょっと何か楽しいとか、来たら、「あっ、何か面白かったなあ」とか思って帰ってもらえたら、もうそれでいいわと思ったら、私の中では、もう「駄菓子屋のおばちゃん」になったんです。駄菓子屋の、「一緒にいたらちょっと楽しいものがここにはあるよ」みたいなものを醸し出して、そこで過ごしてもらって、帰ってもらえたら、それでいいかな、という気持ちも、最近出てきています。
正治：それはあるな。あるよな。
Ｂ：だけど、「もっと何か自分も SC として知っておかないといけないこととか、やるべきこともあるんじゃないの？」という声も、うん、聞こえるんですけど。
正治：はい。いや、その辺、あなたの気持ちをちょっと聞きたくなったものだから。
Ｂ：はい。彼女とは、本当に長いこと付き合わせてもらえたので、先生方のご協力もあるし、本人も来てくれて、本当に長く付き合わせてもらう中で、粘土をもう何個も何個も作ったんですよ。一番初めに作った時には、忘れもしない、小学校 3 年生の初めに、ライオンを作って、「すごく、ああ、上手に作るなあ」と思って、もう完成間近と思った時に、バンと壊したんですよ。

「えーっ」と思って、何かうまいことできないとなると、うわっと壊してしまう。私は何かもうそれを捨てられなくて、今も自分の部屋に置いてあるんですけれども、そういう時期から、駱駝を作るようになって。
正治：そうですね、そうですね。
B：はい、ああ、駱駝を作るようになって、駱駝も、最初は新聞紙で形作って乾かしておくというアイデアがお互いになかったから、粘土って重いから、1回作ったら、毎回ふにゃふにゃになって、しなーっとしたやつになるから、もうこれは何とかならないかなと考え、それで、新聞紙のアイデアを2人で見つけ、形作ったんです。いつも即興で作ってたんだけれども、ある時、見本を見て作りたいという時があったり。何かちゃんと土台を作ったらいいんだなとか、最近、言い始めるようになりました。その試行錯誤が、わりと最近、ダイナミックに始まっているかもしれないですね。
正治：そうですね、ああ。
B：そうしたら、次は女の子らしいのを作ったから。
正治：ああ、だから、僕にも、何か、あなたのところに来て、自分のことをいろいろ試してみたり、新しい自分をやってみたり、壊してみたり、そんなことをやれる場に聞こえてしまうなあ。あなたとの場で、それを彼女がやっているのかな。
尚子：結構それに近いかもしれないけれども、「こねる」というのを、「ごねる」というふうに私の中で言葉が出てきて、「ごねる」ということができるのは、成長や変化の過程の中で必要なのではないかなと。それをずっと長いこと、安心の場で、認められながら、「可愛くない」なんて言ってごねてみたりとか、何かそういう繋がりが、この粘土づくりのプロセスの中にあるかなあ、と連想できたのですが、どんな感じですかね？
B：そうですね。粘土でこねたりしているのは、私と彼女の、やめようかとならないやり取りの1つですよね。これは、何か繋いでいるのかな。
尚子：そうですね。
正治：うんうん、どうしよう、尚子も大体。
尚子：うん、そうですね。

正治：今、ファシリテーターとしての何をやっていたかというと、もう全体の4回目のまとめをする意味はあまりない感じで、内容としては皆さんの質問で出てきている大きなテーマとしては、ご本人の成長をどう達成させうるか、みたいな。そして、Ｂさんは今、揺れているというのか、そんな感じに受け取れたものですから、ファシリテーターとして、そちらの方の話に振ってしまいました。彼女がいろいろ話してくれて、今尚子の方も出しましたが、やっぱり、Ｂさんの前でいろんな試行錯誤をするとか、ごねるとか、そのプロセスが何か動いているのかな、みたいに僕には映ったんですけれども。その中で、Ｂさんもいろいろと述べられて、繋ぐとか、そんな感じも浮かんできているみたい、いいですかね？　それに関して、今言うことがありますか。

　今のセッションは、あなたの中で、この子を成長させるための葛藤みたいなところに今ぶつかっていて、そして、その話をみんなから出したり質問したり、そういうような場だったのかなと理解しています、いいですかね？
Ｂ：はい。
正治：ということで、この中での質問は終わりです。それで、金魚鉢のほうで、今までのことについて、質問をしたいということがあったら、ちょっと手を挙げてください。誰か言ってください。どうぞ。はいはい。


〈金魚鉢から〉
Ｏ：質問というより、思ったということなんです。今、最後のほうに、土台から作ったらいいんじゃないかとか、見本を見てやりたいという言葉がＡさんから出たというのを、今聞いて、私は何かすごく感動したんです。読み過ぎかもしれないけれども、Ｂさんとこうやって時間を過ごす中で、私は見本を見て作りたいというのが、何かモデリングを受け入れる準備ができてきたかも、というふうに私は受け取れました。

　それで、何か土台を作ったらいいかもというのが、何か人としての、何かはわからないけれども、土台というのがあったらいいのかなと。何か土台作りもしていきたい。人としての土台作りもしていきたいというふうにも受け

取れるかなと思ったので、はい。母親がいなくても、こう立派に大人になって活躍している人のモデルとか、何か知ることができたら、また1ついいのかと、ちょっと思ったりしました。以上です。
正治：ありがとうございました。大事なコメントをありがとう。他にありませんか。
尚子：こちら。
P：感想なんですけれども、Bさんは、ご自身が学校の中で駄菓子屋のおばちゃん的な存在でありたいと思っていたんだけれども、Aさんとのセッションの中で、Aさんは、Bさんが思っている駄菓子屋のおばちゃん以上の存在になったのではないかなと思います。
　そのBさんご自身が、駄菓子屋のおばちゃん以上のことを今求められているとか、そういう時が来たということに対して、何か葛藤が生まれたから、ここでお話をしたいと感じられたのではないかなと、感想を持ちました。
正治：はい、どうも。はい、どうぞ。
Q：Bさんが、どれほどの思いを持って取り組まれてきたのかというのが、こういう距離にいても伝わってきたので、ありがたいなと思いながら聞かせていただきました。
　気になっていたことというか、どうしても質問したかったことというのがあって、左のホワイトボードの右端のところで、家から離れて自分で仕切り直しをしてほしいという、そういう願いがあるということです。それを、もう卒業間近になってきて、いよいよ感じておられると思うんです。いろんな現実の制約はあるんですけれども、そういうのを取っ払って、仕切り直しをした時のAさんはどんな感じなのかな。どういうふうな行動というか、どんなイメージを持っていらっしゃるかが、気になりながら聞いていました。
正治：はい、ありがとうございました。
B：家から離れて仕切り直した時に、私が持つ彼女のイメージは、もう多分失敗しまくると思っているんです。初めての集団生活とか、1人でやっていくその身体、生活面とかも、本当に、起きて、食べて、寝て、みたいなことで、失敗をしまくってほしいと思っていて、その失敗を許してくれる人に見

守られてほしいという。その失敗を責められて、ちょっと家族みたいに、ひどい否定をされるのではなくて、失敗しまくって、いっぱい失敗して、経験を重ねてほしいから、何かあちこち頭を打つイメージしかないのですが、しまくってほしいし、失敗を許してあげる環境に巣立ってほしいから、環境を変えてほしいなと思っているんだなと思いました。

正治：はいはい。ありがとうございました。はいはい、どうぞ、言ってください。

R：先ほど言っていただいたことで、私も聞きたかったことがだいぶ解消したのですが、この子の場合って、すごく感じるのは、本当なら安全基地である、本当に慈しんで、愛して、許してくれるのが家族。それが学校の先生だったり、本当にもうBさんが家族というか、親子の会話だなあと思って、粘土のあたりから、もうお母さんと娘のような会話になっています。トライ・アンド・エラーも許すし、自棄になったら、「あんた、自棄にならないで」みたいなのって、たぶん親子とか、それぐらいの関係性じゃないとふわっと出ない言葉だなと思ったんですね。

　それで、今日午前中に先生が言ってくださった（注：この事例検討の前に村山正治・尚子によるPCAGIP法に関する講義があった）、臨床と理論とも繋がったのですが、理論的に、心理職とか専門職となってくると、やっぱり一線をどう引くかとか、どんなふうに理論に構築されて相手と向かうかみたいなものが必ず頭にあると思うんですね。でも、彼女とのこの実際のやり取りは、親子的で、そこに、たぶん心理職としては葛藤も生まれるかなみたいな。期間が決まっていて、制約があって、本当にもうちょっとで離れないといけないのに、このかかわりで大丈夫なんだろうかと。私がもしこの状態だったら、自分もそう思うかな、でも、逆に言うと、いや、もう卒業までの期間だけれども、家族的にこの繋がり方をすることで、たぶん彼女はすごく成長ができて、トライ・アンド・エラーもできて、本当なら実の家族との間で育まれるべきものが、ここで育まれているって素晴らしいなと思っています。それを、だから、何か本能的なのか、何か感覚的になのかはちょっとわからなかったのですが、でも、「あっ、何かすごいことをされているな」と私は思ったん

ですね。
正治：ありがとうございました。はい。もうこれで、大体なの？
尚子：もう1人いらっしゃる。
正治：そうでしょう。これで終わりそうですけど。
S：いいですか？　私の中で一番言葉として浮かんでくるのは、Bさんの心の声みたいなことなんですね。ここまで長い時間関係を築いてきて、だいぶ心も開いてくれたんだろうけれども、もう時間が決まっている。後1年というところで、魚の死んだような目を見てしまったりとか、何かそういうことから浮かんでくるこの子への深い思いが、いろんな心残りになって、今あるのかなという感じがしたんですね。この子は、1人になることは、中学から高校へ行く時に、1人で生活するということに関しては、どんなふうに思っているのですか。
B：本人自身は、出たいと思っているんですけれども、さっきおっしゃってくださったみたいに、保護者Xさんが、「あんたには無理」と、「もうやめときなさい」と言って反対しているんですよ。だから、本人もちょっと気持ちが萎えて、うーん、何というかな、「もういいよ」みたいな気持ちにもなったりしているから、保護者Xさんと先生と、どうやったら保護者Xさんを、何というのかな、「彼女を応援してくれるような感じになってくれるかな」みたいな話をまあ先生とはしているんですけれども、「難しい。どうかなあ」とか言いながら、やっていますけど。
S：こちらが踏み込める範囲というのがありますよね。
B：はい。本人は出てみたいというのは、まあ不安ももちろんあるだろうけれども。
S：そういう気持ちのところまで今来ていると。
B：はい。
S：ありがとうございます。
正治：はい、ありがとうございました。それでは、これで終わりに。
尚子：最後ですね。
T：すみません、ありがとうございます。さっき2周目で、Hさんの、Aちゃ

んはどういう思いでBさんとの面談の時間に来られているのかという質問を、ちょっと僕は聞き落としているのか、今はちょっと見つけられなくて。それを改めて聞いてみたいのと、Bさんが他のケースとか、SCとしてどういうふうにこの学校で、という話を、今日はあまりうかがっていないので、ちょっと想像するしかないんですが、Bさんにとって、Aちゃんとの時間ってスペシャルな感じ、思いがすごくあって、幸せになってほしいというような、それこそ親心みたいなものが、すごく聞いていて共感したので。Bさんにとっての、このAちゃんの時間って、どういう時間なのかなあと、ちょっと改めて聞いてみたいなあと思いました。

B：やっぱり子どもにかかわる上での態度を、私も試行錯誤をして長い時間付き合う中で、試行錯誤をさせてもらっています。さっきのSSTをしたら失敗して、やっぱりこれはだめなのかとか、ずーっと粘土をしていたら、ある時、自分の家族のことをばーっと話してくれて、「ああ、やっぱりその時期というのがその人にはあるのか」とか、そういうことを体感的に教えてくれた人ではあるし。これは、SCというよりも、自分が1人の人として彼女にかける言葉が、何か、時々、自分にかけてほしい言葉でもあることがよくあるんですよ。「失敗してもいいじゃない」とか、そういうのも、そういう時に、彼女にも言うけれども、その言葉が自分にも返ってきて、何か自分で言っているのにというのがあるんです。自分で自分にじーんとしている時があるんです。そういう体験もさせてもらえたので、まあ向こうがどう思って来ているのか、あまり聞いたことがないのでちょっとわからないんですけれども、私にとっては、何かすごくありがたい存在です。はい。

T：ありがとうございました。

正治：Bさん、ありがとう。これで大体PCAGIP法の原則論から言って、あと、記録者の感想を聞いて、そして、金魚さんに、感想を一言ずつ言ってもらって、最後、真打（注：話題提供者のこと）が感想を言って終わり、というのが手順なんです。それで、まあ時間も何とか3時間に入りそうだから何とかなりそうなので、そういう手順で進ませていただきたいと思います。

　先ずは、いろいろ書いてもらってご苦労様でした。やっぱり、いろんなこ

とが見えていいなと思います。これをやってみた感想を、こっちから行きます。

〈記録者の感想〉
D（記録者）：（板書を指しながら）ここの部分なんですけれども、BさんがAさんに対して、自分はダメだと思ってほしくない、応援したいとおっしゃっている気持ちが、今日この場での我々のBさんに対する思いでもあったのではないかなあと思っているんです。
　私はこのセミナーに参加するのは3回目ですけれども、金魚鉢の皆さんがこんなに次から次に手を挙げて、「こう思う」「ああ思う」というふうにおっしゃる姿は初めて拝見したので、「やれていますよ、Bさん」と。全然、ちょっとこの辺が、駄菓子屋のおばちゃんでありたいと思っているけれども、そういうことで、何かこう、SCでもっと何かできるようにならなきゃみたいな葛藤もあってとおっしゃっている、そういうBさんの姿が、「いやいや、めっちゃやれてますよ」と、みんなして言っているようにここからは見えました。
　ただ、肝心なことが届いているかなあというのが、私はこっちを見ている時間が多かったので、お顔を見る時間が少なかったんですけれども、何度も声を震わせておられました。何かこう辛い感じがずっと続いている中で、これだけ皆さんからうわーっとエールがあっても、もし何かその震えがまだ残っていらっしゃるようだったら、それは一体何だろうなあということを思いながら書いておりました。ありがとうございました。
正治：ありがとうございました。
B：ありがとうございます。すごく響いたというか、そうですね。自分をダメだと思ってほしくないとか、応援したいという、皆さんのエールを、そう言えば、ちゃんと受け取っていないかも、と思った時に、ああ、そうやって言葉にしてくださった時に、「ああ、私、今応援してもらっているんだね、すごく」ということが、ものすごくぱーっと、「そうだよなあ」と思いました。ありがとうございます。はい。

第1章　事例検討法（PCAGIP法）の理論とワークショップ

正治：ありがとうございました。では。

C（記録者）：はい。やたら大きな字を書いちゃったので、私が（ホワイトボードを）2枚も取ってしまったなと思いながら。今日は、いつになくやる気で来ていて、いつも積極的に金魚鉢を取ろうとしているのに、昼御飯を食べたのに、記録係をやろうなんて思うのが、「何か今日はやる気があるじゃん、私」と思って。そうだったんですけれども、何かこう複雑な家族のあたりのことは、なかなか入らなくて、何回聞いても入らなくて、結局書けなくて、気後れしたりしていたんです。でも、途中から、彼女のよさがたくさん聞こえるようになって、ああ、こっちを書く方が、書いていても楽しいし、先生やBさんによるサポートというのが検討の課題と出されていたんですけれども、「幸せになってね」とか、そういうご自身が伝えたいお気持ちというのが生で聞こえて、ちゃんともう答えを持っておられるんだなというのもよくわかりました。

　その極めつけは、最後に、自分で、自分自身が言ってほしい言葉を言っているみたいなのでいうと、「それをやっているじゃないですか」というか、本当に、なかなか校内の駄菓子屋のおばちゃんというのは、面白いフレーズだなと思いながら、本当に、たぶんできることもできないこともよくわかっておられて、することもいろいろとされていて、ただ、それでもいいのかな、いいのかなという迷い、その迷いを何かいろいろと言葉にしてくださって、逆に言うと、迷いもなく、「私、これでいいんです」みたいに言われたら、むしろちょっと感じ悪いなあと思っていて（笑）。本当に、「これでいいのかなあ」「これでいいのかなあ」と思いながら、やっぱり生身の中3の女の子にかかわっていくというそのスタンスが、とってもBさんらしいというか、「私は、もう校内の駄菓子屋のおばちゃんですから周りに何も言わせませんよ」ではなくて、本当に迷ったりぶれたりしながら、自分の中を確かめながら、日々やっているんだなというのを聞かせてもらえました。係としてうまく全部書ききらんなあと思いつつ、私も「幸せになってね」、ハートいっぱい（ホワイトボードに描いたハートマークのこと）のところで、自己満足したので（笑）。ありがとうございました。

正治：はい、どうも。それでは、これで。あとは、（金魚の人に向かって）そこからお1人ずつ感想を言ってもらって、それから最後の真打（話題提供者）ね。それで終わります。

〈金魚さんの感想〉

E：今回、一番目に行こうと思ったのは、正直、金魚の方、金魚をやる気満々の感じだったんです。Bさんが話題提供者になり、Bさんのテーマに関心があったのでBさんのところに行きたいと思って来ました。

　ちょっと複雑でわからなかったので、質問が難しかったのですけれども、最後にちょっと言える機会があったらと思っていました。Aさんがつくった獅子も駱駝も、走っているんだろうなと、私はそう思っています。あと、最後に、Cさんがホワイトボードに書いた、あの「幸せになってね」というところの、あのハートいっぱいのところ、あれは、Aさんにプレゼントしたらうれしいんじゃないかなと私は思いました。以上です。

正治：はい、どうも。

F：ここに座らせていただいて、本当にありがとうございます。ありがとうございました。何か、いいものを一杯いただいたという感じが自分もしていて、それで、とても大事なことを教えていただいていると思っています。

　私は、この子は動物を可愛がりたい、動物って、ちゃんと何か返してくれたりして温かいし、柔らかいし、自分で動くし、世話をしてあげると喜ぶ、そういう存在とずっと一緒にいることをやりたい、と言っていることがとてもいいなと思いました。

正治：はい、ありがとうございました。

G：ありがとうございました。すごく印象に残っているのが、Aちゃんが機嫌を害する？　そういうところもあったというお話があったと思うんです。これだけの家庭環境の子が、やっぱり嫌われたくないとか、見捨てられたくないとかいう思いって、Aちゃんの中にあったのではないかなとずっと勝手に思っていたんです。だけど、このやり取りの中で機嫌を害すということが出せるということが、それこそが、その関係性がすごくできているんだなと

いうのと、家族の中でやり取りをしながら育まれてほしかったところですが、ある意味、学校という1つのコミュニティの中で、自然な支援ネットワークができていって、その中にうまくSCも入り込んで一緒に支えるというような、学校臨床の中では理想かなあと思いながら伺っていました。ありがとうございました。

H：貴重な体験をさせていただきました。Bさん、どうもありがとうございました。

　最後のところで、「失敗してもOKだよ」と彼女に声をかけたいという、これは、実は、私がかけて欲しいんだ、とおっしゃったのが、すごく僕の学びになりました。僕は、事例の話をして、事例と自分とかかわる話のところで、そこまで自分をオープンに、自分のことを含めてわかってもらおうというふうな、そんなことはできるだろうか、と考えました。今日は、Bさんは、そこまで含めておっしゃってくださったこと、ありがとうございました。

正治：はい、どうもありがとうございました。

Ｉ：ありがとうございました。今日は思い切って金魚をしました。この場に金魚として参加できたことが本当によかったなというふうに思いました。このAちゃんとBさんのこの出会いは、本当に人間的な出会いだったのだなと。Aちゃん自身も成長というか、ごねたりとか、一緒に駱駝をつくったりとか、一緒に何かをするということでどんどん成長につながっていくということと、何かこう貴重な存在ですと、Bさん自身もおっしゃったので、本当にお互いに出会うことによって、共にプロセスの中で成長し合えるような関係性だったのかなというふうに思いました。

　やっぱり立場上、ずっと支援ができないというのが、ちょっと私も4月以降違う仕事になってしまって、何人も繋いでいた方がいて、すごく心残りもあって、そこも何かもどかしさというのを感じながらここにいました。ありがとうございました。

正治：はい、どうも。

Ｊ：ここに座ってやっていたことは、Bさんの話から、Bさんのことも、少しでも理解したいし、あと、Bさんが付き合っているこの子の目から見える

世界も、結局、Bさんを通して教えてもらうしかないので、どんなふうに映っておるのかなというのが、関心を持って、座って、皆さんの質問を聞いたり、質問をしていました。この子が、ご自分の家族をどう見ているのかみたいなことというのは、正直言って、僕はやっぱり腑に落ちないんですよ。霞がかかっていて見えないんですよ。それで、ただ、聞けばわかるかという話ではないんだと思っていて、たぶん彼女も整理つかないんだろうなと思っていて、そういう子と付き合っているBさんも説明のしようがないのかなと思って、今は受け止めています。

　親としてのところ。うーん。感想としては、やっぱり、うーん、何かすごくいろんなことでこの子と出会っているから、それはいろんなことが起こるわなあとは思って（笑）。何と言ったらいいのかなあ。特に具体的に言ったら、SSTをやめたというのは、あれはすごいなと思って。SSTをやめたって、そこをやめられるSCというか、援助者というのは、単純に「ああ、すげえなあ」と思ったけどね（笑）。この子に今はダメだよと、自分で方向転換をできるこの力って、Aさんを観ていないとわからないもの。僕の中で霧がかかっているところをお伝えしました。

正治：うん、ありがとうございました。
尚子：ありがとうございます。もう最後のほうになってきていますけれども。本当にBさんらしく、誠実に、ああ、わからんことはわからんし、と言い、とりあえず、今Bさんがご自分のことをネーミングすると、「駄菓子屋のおばちゃんかなあ」、というところを納得させていただきました。一生懸命共に生きて、そこに来ているんだろうなと思いました。それほど、Aさんのことを大事にして付いていって、そして、「幸せになってね」みたいな心を、底辺にありながらも、迷いながら付き合ってきているなあというのを、ものすごく感じさせてもらったんです。

　もう1つ、Aさんは中学3年生で、これから後1年近くあるんですね。次にどう行くかというのは、大きなテーマですよね。まだ決まらないんですよね。家族の問題もあるし。だから、家族との繋がりをこれからどうやって現実的につけていくかどうか、これは大きなテーマです。

第1章　事例検討法（PCAGIP法）の理論とワークショップ

　それでも、私の1つの想像として、「駄菓子屋のおばちゃん」として繋がりがしっかりできている、つまりお互いに今ある信頼関係を大事にして、これを、次の高校が決まっていく時に、繋げていけるような工夫があってほしいなと。次のステップに移る時の移行作業というのがありますよね。AさんBさんを含めた、深い繋がりを持った先生方と、次の学校との繋ぎの場を共に継続的に持って行けないかな、次の安心の場と相互理解と成長のためのネットワーキング（力をもった保護者Xさんも入って）の工夫ができないか、希望的アイデアです。

正治：はい、そうですね。はい、はい。僕は、最後に何かいろんなことが浮かんできたのですが、僕は、最初、複雑な家族というのがその時はわからなかったんですよ。それで、これはどうなるんだろうなあと思って、どこから理解していったらいいんだろうみたいな気持ちがあったんだけれども、どこからか僕は……。すごいなと思ったのは、Bさんが、この子と付き合っていて、この子が、自己決定力、拒否する力、自分を主張できる力、そういうのはすごく持っているということが、このPCAGIPセッションの流れの中で、明確になってきた感じですね。

　それから、もう1つは、この子も一生懸命対人的な対応もやっているんだけれども、社会的なことを身につけるには、けっこうまだ時間がいるというか、急がないでやったほうがいいなと、すごくできそうだからという感じが1つです。

　もう1つは、やっぱり担任の先生が、この子にとっては、Bさんに次いでサポートできる立場にいるという感じがしてきて、この子を助けていく大事な資源が2つ今のところある。そして、そういう流れの中で、彼女は、自分なりの力で、対社会関係を取り結ぼうとしたり、いろいろやっているけれども、今のところ、そうすぐにはうまくいかない。というより、失敗とか何かを繰り返しながら、そういうことも、ここでBさんのところへ来て話したりできるような感じがしています。

　僕は、Bさんの隣にいると、Bさんが涙ぐんだり、皆さんの質問に対して自分の感じをきちんと伝えようとする言葉を探したり、そういう何かこう向

35

き合い方の真摯さというかな、そういうものも伝わってきましたし。だから、この子どもから見たら、Bさんにこの世の中で会えたということは、すごく大きな出会いだと思いますね。これだけの理解を示してくれる人は滅多にいなかったのですから。それをBさんのお力でここまで来ている。

ただ、進路決定についてどうするかという話には、テーマとしては、行かなかったんですね。ただ、そこまで行く前後の理解、この子の現在の生き方、あるいは、その支えているネットワークの部分はとってもよくわかったし、これからまた、この子がもういっぺん、将来は何をやりたいかとか、おそらく高校のどこを選択するかとか、そういう流れの中で、もう一度この子がステップ・アップする、そこのところに随分Bさんと先生がかかわっていく機会が生まれてくるんだろうなあみたいな感じがしました。本当にすごい事例を今日出していただいて、とてもありがたかったかなと思います。

尚子：どうぞ、最後、Bさん。
B：ありがとうございました。何かこう、もういろんな人の声を聞くたびに、泣きそうと思って、もう泣いているんですけれども（笑）、ぽろぽろ泣いていました。

一番思っているのは、彼女の人間力みたいなもの、「今、このパワーを貰えるあなたがいるよ」というのを、改めて思いました。

今後のことでいうと、尚子先生におっしゃってもらったみたいに、どう繋いでいくかというのは、すごく具体的に自分が動けそうなことですし、さっき、モデリングという案もいただいて、彼女のこととしてではなくて、いや、世の中にはこういうことで頑張ってきた人が、こういう道のりを歩いてきた人もいっぱいいるんだよ、ということが、彼女の力の一助になったらいいなと思って、よいタイミングで、何か伝えられたらと思いました。

それと、自分はダメだと思ってほしくない、応援したいというのが、実は、皆さんの私に対する声なんですよ、というのがものすごく来てしまいました。それを言われるまで、何か、いっぱい染みるけれども、素直にどこか受け取れない自分がいたのですが、あの一言で、心の壁がこの中で取れて、「ああ、そうそう、みんな私を応援してくれているよね、今」というのが、もうめっ

ちゃくちゃダイレクトに感じられ、あの（ホワイトボードの）ハートの数がどんどん増えていっているのも目の当たりにして。
正治：すごく大きいですよねえ。
Ｂ：はい、そんなのがあって。だから、Ａさんにも自分がダメと思ってほしくない、応援したいとみんなが思っているよ、と私が今受け取ったように、私が彼女に対して応援したい。こんなふうに伝わったらすごくいいのになあと、体感的に思っています。これはすごいサポートというか、彼女の何かを見いだして、ちゃんと応援しているよ、と言うことが、今私がみなさんから貰ったように、また伝わったらいいなと思いました。

　もうPCAGIP法の構造として、こうやって金魚の人が、まず何かいろんなことを掘り起こしてくれて、それをまた大枠のところで見てくださる金魚鉢の方々が、何か違う視点を私に届けてくれて、間近で私のことをこうやって写してくれた記録の方が、ぐっと、見てくださっていると。この構造は、これまでPCAGIP法の話を何回も聞いてきたけれども、PCAGIP法を一番体感しています。ありがとうございました。
正治：はい、ありがとうございました。
　（拍手）

## 11．このPCAGIPセッションを振り返って

### （1）本事例の意義
　PCAGIP法開発以来、私ども２人でファシリテーター体験を重ね、公表し、記録もしてきた。今回の事例の逐語記録を改めて読んで、この事例はPCAGIP法の歴史からみて、画期的、歴史的な意義を持つ事例であると感じている。
　以下その理由を書いてみる。

### （2）セッションの構造づくり、この事例の特徴、手順
①Ｂさんの話題提供者承諾で第１関門突破

・Bさんに話題提供を依頼、とくに本に掲載する企画であることを説明したところ、了承を得てとても嬉しい気持ちが湧いた。

② PCAGIPの構造の決定

・全参加者の前で、Bさんの話題提供と、本に掲載することへの了解をいただいたので、次に記録者、金魚、金魚鉢のメンバー構成に移った。

・ホワイトボードに尚子が役割名を書くと、金魚、金魚鉢、記録者の参加者がすぐに決まり、驚きと嬉しさ一杯になった。大学院でのPCAGIP法実施の際、金魚のなり手が少なく困っているのが通常である。今回の結果をみると、これまでの創元社PCAGIP法セミナー複数回参加者が積極的に希望され、瞬間に決まってしまったのである。要は、臨床経験が豊富な方々が多かったということが大成功につながったと感じる。

③ 創元社スタッフの努力で全セッションが録画され、文字化された。プライバシーにかかわる部分すべてを削除したが、録画そのものは貴重な記録なので丁寧に管理する。裏方によるサポートは録画の他にも様々なご配慮があり、感謝と共に重要性を感じた。

（3）このセッションの参加者全員がそれぞれの人生を生きている

そこにはAさんの人生だけでなく、参加者全員がそれぞれの人生を生きていることを感じ取っていただきたい。小説よりも現実はダイナミックで、生きている。Aさんはじめ話題に出てくる人たちそれぞれが生きていることを読んだ皆様も、お感じになると信じている。「解説より生の現実」を生きている様に触れていただきたい。PCAGIP法を生きていただきたい。

（4）「学校の中の駄菓子屋のおばちゃん」

Bさんが生み出したオリジナルな言葉である。SCの社会的役割である。このようにPCAGIP法体験では話題提供者から教科書に書いていない言葉が生まれてくる。Bさんにとってはこの言葉はSCを生きる支えの1つになっているように感じる。参加者も読者の皆様も自身の中で、こうした新しい言葉が生まれてこないだろうか。

## （5）「この人と、よい体験をする」

　この言葉もＢさんの体験から生まれてきた言葉に聞こえた。この言葉は参加者全員から受けた問いかけに向けた、Ｂさんの言葉である。Ａさんをより理解しようと、Ａさんに働きかけた時、Ａさんは応えず、小さな子どものように泣き出してしまった。Ｂさんはこの時、Ａさんを無理に深めるより「この人と、よい体験をする」ことが私のやることなんだ、と学習したと応答している。本人が納得して、自分から語るまで、待つこと、時期が来るまで待つことを学んだと応えている。やってみて反応が悪い時にはさっと変えていけるＢさんの柔軟性を感じた。

## （6）PCAGIP法は従来の臨床心理学が「問題解決志向」を重視しているのに対して、「自己実現志向」を理念として主張している

　Ａさんの事例では、複雑な家庭環境のイメージが浮かんでくる。「思春期危機」とか原因論中心の考えでは、カンファレンスで様々な症状があげられると思う。しかしそこからは「有効な支援策は生まれません」。

　C. R. Rogersたちは安全な関係の中で、自己肯定感が増進することがセラピーの目的と考えている。Ｂさんは、Ａさんを苦しませている様々な原因論はご存じなのに、それは置いておいて、Ａさんの心の傷の深さを理解しようと努めている。

## （7）コミュニティの創造ではないか

　今回の記録を読んでみると、ＢさんとＡさんの理解を巡って展開している様子は、まさにセッション全体が共創、共生のコミュニティが形成展開していく「プロセス」であると感じられる。

## （8）Ａさん理解を含めたＢさん劇場の誕生

　主演のＢさんをめぐる「Ａさん理解のＢさん劇場」のイメージが浮かんできた。先に挙げた10の理念をもとに、脚本なしで、その場の発言から次々と新しい理解が進んでいく生の劇であると感じた。

### （9）出会いのコミュニティが生まれる

　PCAGIP法セッションは2時間〜3時間の、「時間コミュニティ」の形成過程である。全参加者、金魚、金魚鉢、記録者、ファシリテーター、話題提供者の発言を読むかぎり、構造づくりから終結まで参加メンバー1人ひとりが批判されることなく発言していることがうかがえる。

　エビデンスの確認には今後の研究の発展、リサーチデザインが必要になってくる。これからのPCAGIP法研究の発展が楽しみである。

# 第2部
# PCAGIP法の領域別実践

第2部　PCAGIP法の領域別実践

## 第2章

《教育》
# スクールカウンセリング
―― 教員研修でのPCAGIP法の実践

岩渕匡彦

## 1．実践の方法 —— A小学校でのPCAGIP法の実践

### （1）研修会の概要

　筆者がスクールカウンセラーとして勤務するA小学校で、若手の先生とPCAGIPについて話す機会があった。その中で「ぜひやってみたい。」との要望があり、PCAGIPの研修会の実施を提案した。

　若手の先生たちの自発的な動きを活かしたいと考え、管理職や生活指導担当の先生とも相談を重ねた上で、自主研修会（自由参加）として放課後に1時間程度で実施することとした。研修会の実施についてのアナウンスは、若手の先生が職員打ち合わせの場で行った。

　事前に参加を表明した先生には、PCAGIPの説明資料と事例募集の用紙を配った。事例募集の用紙は提出用の袋を作り、研修会の前日までに提出するようにお願いをした。提出された中から筆者が何人かの話題提供者の候補を選んだ。

　当日の参加者は11名で、事前に参加を表明していた先生以外の参加もあった。若手の先生の参加が多かったが、ベテランの先生たちの参加もあった。

　研修会の冒頭で、研修会の進み具合によっては多少延長する可能性があること、途中退席しても構わないことをアナウンスした。

また、先生たちが忙しい中での研修会の実施、自由参加という形態での実施だったため、遅刻や途中退席をして再び参加する先生が複数名いた。研修会の初めから参加していた先生は7名であった。参加人数が少なかったため、金魚鉢役（以下、金魚鉢）は設定せず実施した。

## （２）実践の様子
### ①レクチャー
　はじめにPCAGIPについてのレクチャーを10分程度行った。PCAGIPの大まかな進め方と各配役の役割、PCAGIPの特徴として「話題提供者を批判しない」「メモは取らない」「無理に問題の解決をすることを目的としない」ことを確認した（黒板にもルールを書いておいた）。
　各配役の説明の際には、ウォームアップ後に配役決めを行うので自分が何の役をやりたいのかを考えておくように声掛けをした。

### ②ウォームアップ
　レクチャー終了後、20分程度ウォームアップを行った。ウォームアップの構成として以下の内容を実施した。
【リレー体操】
　1人ずつ簡単なストレッチや体操を1つ提示して、それを参加者全員で行った。1つ終わったら他の参加者を指名し、同様の流れで体操を行った。
【私のオススメ】
　ペアになり、片方が話し手となって「私のオススメ」というテーマ（好きなこと、場所、趣味など）で1分程度話し、その後、役割を交代して同様に話をした。実施時に参加者が奇数であったため、筆者も参加した。
【職業インタビュー】
　ペアの片方がインタビュアー役になり、もう片方が「もし生まれ変わって、今とは違う職業だったら何をしているか」というテーマで、その職業になりきってインタビューを受けた。インタビューの例として、その職業のやりがいや苦労、仕事をする上で大事にしていることなどを挙げた。2分程度イン

タビューした後、役割を交代して同様にインタビューを行った。最後に、どんな職業になってインタビューを受けたのかを全体でシェアリングした。

この時点までに遅れて参加する先生が4名いたが、そのたびに筆者が声掛けをした。新しい参加者は随時ウォームアップやレクチャーに参加した。

③PCAGIP
【配役決め】
まず、事前に事例提出した先生の中から、筆者が選んだ先生に話題提供者を打診して了承を得ていたが、電話対応のため退席した。いつ戻るのかわからなかったため、候補者の中から他の先生に話題提供者のお願いをして了承を得た。

記録者は2名の参加者が立候補した（その他の参加者は金魚役。以下、金魚／今回は金魚鉢はなし）。記録者の先生には、逐語で書く必要はないこと、スペースが足りなくなったら消したり書き直したりしてもよいこと、2人の分担はおまかせにした方が上手くいくことが多いので記録者におまかせすることなどを伝えた。なお、ファシリテーターは筆者が行った。

この時点で、参加者は9名であった（1人、電話対応のため途中退席）。

【第1ラウンド】
話題提供者の先生には、金魚からの質問に自由に答えたらよいこと、答えづらいことは無理に言葉にしなくても大丈夫であることを伝えた。

金魚には、話を聞いていて「このことについて、聞いてみたいな。」と思い浮かんだことを質問すること、「上手く質問しなければ…。」と思う必要はないこと、質問しようと思っていたことを他の金魚に質問されることもあるが、慌てなくても大丈夫であることを伝えた。

それぞれへの声掛けの後、話題提供者より事例の内容を簡単に説明してもらった。事例の内容は、自身が担任をしているクラスの不登校の子どもへのかかわりにおける困り感についてであった。

それぞれの金魚から順番に質問を行い、話題提供者は質問に答えていった。第1ラウンドの途中で、電話対応で退席した先生が戻ってきた。戻ってきた

タイミングで質問の順番であったが、「すぐには質問するのが難しいので、端の席に変わりますね。」と自ら動き、椅子を持ってアンカーの位置に移動した。途中、別な先生が電話対応のため5分程度退席して戻ってくることもあった。

　質問が一巡した後、黒板を見ながら、話題提供者が話したことを確認し、事例がどういう状況なのか、質問と応答でわかってきたことなどを整理した。

【第2ラウンド】

　第1ラウンドと同様に順番に質問を行った。第2ラウンドの途中から参加する先生がいたが、近くの席の先生が状況などについて声掛けをした。すぐには質問することが難しいとのことだったので、無理に質問をすることはしなかった。

　アンカーの先生が「質問っていうか、感想でもいいですか？」と感想を述べた。質問が一巡した後、記録者の先生から質問を行った。

【クロージング】

　終了予定の時間が迫っていたが10分程度延長することの了解を取り（予定のある人は退席しても構わないことをあらためて確認した）、順番に感想を述べていった。

　数名の先生が「自分のクラスにも同じ状況の子どもがいて…。」「話題提供者のように（自分は）丁寧にかかわっていなかった。」などのシェアリングのような感想を述べた。終了予定時刻を過ぎていたため、途中で1人の先生が感想を述べてから退席をした。最後に、記録者と話題提供者から感想をもらい、PCAGIPを終了した。

　PCAGIP後に、感想用紙とフォローアップ資料（PCAGIPに関するキーワードの説明や、研修会を企画した経緯や意図を記したもの）を配布した。

　研修会全体の実施時間は75分程度となった。

## （3）実施の上での工夫

### ①ウォームアップの導入

　筆者が他の研修会でPCAGIPを実施した際に、話の深まりづらさや雰囲気の硬さを感じることがあった。そのため、グループの初期不安や緊張感を緩和させる必要があると考え、ウォームアップの導入をするようになった。

　ウォームアップの導入により、参加者の相互作用が促進され、グループの初期不安や緊張が緩和された。そのことで話が深まりやすくなり、グループの雰囲気が柔らかくなった。

　参加者からのアンケートでは「楽しかった。」「いきなり話すよりもやりやすかった。」などの感想があり、ウォームアップの導入は好評であった。

　筆者の経験では、ウォームアップを丁寧に行うことでPCAGIPの時間は少なくなってしまうが、それでもウォームアップをした方がPCAGIP全体の質を良くすることにつながると感じている。なにより、ウォームアップをしている時の参加者が楽しそうであり、安心して自己表現できる場になっていることが大切だと思っている。

### ②遅刻や途中退席への対応

　今回の研修会では遅刻や途中退席を認めていたため、それらを踏まえ、レクチャーやウォームアップは途中からでも参加しやすい構成にした。また遅刻や途中退席をする参加者に声掛けをこまめにするなどの工夫をした。

　PCAGIPの場が参加者1人ひとりを大切にしていると感じてもらえるように参加のしやすさや声掛けについてできるだけ配慮をした。1人ひとりの参加者を大切にすることで、安心安全な雰囲気を感じたり、参加者が自発性を発揮しやすくなったりする。そして、これらもPCAGIPの質を良くすることにつながると感じている。

## 2．固有の意義――スクールカウンセラーがPCAGIP法を行うことについて

　現在、学校現場はいじめ問題や不登校などをはじめ様々な問題の対応に追

われ、先生たちは多忙を極めている。さらに対応しなければならない問題は多様化・複雑化しており、1人の先生だけの力では対応が難しい場合も少なくない。

しかし、他の先生たちに相談したり、対応について話し合ったりする時間や場が充分であるとは言い難い。実際、教員不足やコロナ禍、働き方改革などもあり、子どもや保護者への対応や自分自身のことについて、気軽に相談したり話し合ったりできる機会が少なくなり、先生たちの支え合いが弱くなってきているのではないかと感じている。

このような状況に対して、筆者はスクールカウンセラーとしてできることは何かと考え続けてきた。

スクールカウンセラーは、学校の中で先生たちの人柄や持ち味を知ることができ、日頃の先生たちのがんばりや試行錯誤に触れている。それらを活かし、エンパワメントすることはスクールカウンセラーの大きな役割であると考えている。この役割を具現化した1つの形がPCAGIPであると考え、取り組んでいる。

PCAGIPは学校でできる事例検討法として開発された経緯をもつが、学校でスクールカウンセラーがPCAGIPを行うことで得られるグループ体験にこそ大きな意義があるだろう。

PCAGIPで得られるグループ体験を通して、お互いのがんばりや試行錯誤を理解し、エンパワメントすることで他の先生とのつながりが強くなる。その強くなったつながりが、また明日からがんばる先生たちを支える。

学校でスクールカウンセラーがPCAGIPを行うことは、先生たちのつながりを賦活し、先生たちが相互に支え合う場をつくることであると考える。

PCAGIPの実施によって得られる支え合う場が、子どもたちや学校全体に還元されていき、良い変化につながっていく一助になると思われる。

※本章で提示した内容は個人情報に配慮し、一部加工している。

# 第3章

《教育》
# PCAGIP法を通じた
# ケースカンファレンス改革
── 臨床心理士・公認心理師養成の大学院教育の現場から

桑野浩明・桑野裕子・松村人志・村山正治

## 1. 実践の方法

### (1) ケースカンファレンスで起きた戸惑い

　臨床心理士・公認心理師養成において、ケースカンファレンスは最も重要な訓練の一つである。筆者らが大学院教育の中で体験したのは、ケースカンファレンスの方法や在り方に纏わる大学院生、教員の戸惑いだった。筆者らの大学院では複数の教員が順番に各回のケースカンファレンスを担当することが基本になっていた。その後、全教員参加のカンファレンスへと変わり、多様な視点から事例理解が深まる一方、参加院生、教員の葛藤も明らかになり、「ケースカンファレンスは何を目的にするものなのか」という根本的な問題にぶつかった。様々な模索の中、PCAGIP法（村山・中田、2012）を導入したことで、カンファレンスに関する改革が起こっていった。本章ではケースカンファレンス改革の変化のプロセスをⅠ～Ⅳ期に分けて考察したい。

### (2) 大学院生から生まれたケースカンファレンス改革

①第Ⅰ期　カンファレンス模索期

　第Ⅰ期は、教員、大学院生、全員参加の臨床心理士養成のカンファレンスであった。その中で様々な反応が起こっていた。特に大学院生のカンファレ

ンスに対する否定的な反応は、カンファレンスを教育として実施する筆者らにとって、院生から大きな問題を突きつけられているようであった。大学院生、教員の否定的な反応は以下のようにまとめられる。

発表者
・ケースカンファレンスでの発表を怖く感じる。
・ケースカンファレンスでのケース発表後、傷ついてしまう、落ち込む。
・ケースを担当することに自信がなくなり、ケースの方針が混乱する。

参加者
・ケースカンファレンスについて、自分の意見はあるが表明できない。
・参加している感覚が少なく、終盤にかけて集中力が途切れてしまう。
・事例に感情移入し、担当セラピストに対してネガティブな気持ち（怒り、失望等）を抱き、攻撃的な発言をしてしまう。

教員の反応
・院生の意見表明が少ないことが教育として気になる。
・ケースカンファレンスの発表や発表者に対して、感情的な気持ちを抱く（怒り、落ち込み）。
・担当教員間で事例の理解や方針が異なり、過剰なディスカッションになる。

　第Ⅰ期では、院生の主体性を尊重し、発表者、司会は院生が担当していた。教員は全員参加で、多様な視点から事例を検討し、理解を深めることを目的とした（図3-1）。発表者は資料を準備し、席をロの字型にし、事例について討論する。全体的に院生の発言が少なく、教員のコメントが多くなる傾向があった。コメントする者が限られ、閉塞的な雰囲気を感じる回が多かった。

②第Ⅱ期　院生からのPCAGIP法の要求と従来カンファレンスへの揺り返し
　同時期に、大学院生が村山の集中講義においてPCAGIP法を体験した。集中講義後、複数の大学院生からカンファレンスにPCAGIP法を取り入れたいと当時の専攻主任（松村）に提案があった。突然の提案で驚かされたが、

| 司会 | 大学院生 |
|---|---|
| 教員 | 全員参加 |
| 大学院生 | 全員参加（修士・博士・研究生） |
| コメンテーター | 教員全員 |
| 形式 | 討論方式 |
| 席の設定 | ロの字型 |

図3-1　カンファレンス構造（Ⅰ期）

| 司会 | 教員（交代制） |
|---|---|
| 教員 | 全員参加 |
| 大学院生 | 全員参加（修士・博士・研究生） |
| コメンテーター | 発表者が教員1人を指名 |
| 形式 | 修正討論方式 or PCAGIP方式 |
| 席の設定 | ロの字型 or 椅子だけ |

図3-2　カンファレンス構造（Ⅱ・Ⅲ期）

教員間での賛否両論の中で専攻主任が院生の提案を受け入れ、PCAGIP法を取り入れることになった。最初から全てPCAGIP方式というのは変化が大き過ぎると考え、従来の討論方式も選択できるようにした。その際、従来の討論型カンファレンスをより落ち着いたものにするため司会を教員が担当し、総括のコメントは発表者が教員を1人指名するという変更を行った（「修正討論方式カンファレンス」）。「修正討論方式」と「PCAGIP方式」の2つの方式の選択制となった（図3-2）。

院生は早速、PCAGIP方式を選択した。PCAGIP方式のカンファレンスでは、これまでほとんどコメントをしていなかった院生もコメントするようになり、院生主体のカンファレンスへの変化が感じられた。筆者らは大きな期待を感じたが、PCAGIP方式のカンファレンスは1〜3回選択された後、大学院生から修正討論方式を行いたいとの希望が続いた。15回中PCAGIP方式は3回に留まった。

③第Ⅲ期　カンファレンスへの院生・教員の意見表明と共有

　第Ⅲ期においても筆者らの期待に反し、院生が選択したのは修正討論方式のカンファレンスであった。修士の院生の発言は少なく、カンファレンスが中盤から終盤に差しかかるとⅠ期同様に教員や博士課程の院生など、臨床経験が長い者のコメントに集中していった。全員が参加している感じは少なく、一部の者がカンファレンスに主体的に関与している雰囲気を感じた。その状況に問題意識を感じ、研究チーム（村山・松村・桑野浩明・桑野裕子）でミーティングを開き、これまでの改革と研究を振り返った。

　PCAGIP法の導入は、院生が主体的にカンファレンスに参加するという流れを生み出した。しかし、主体的に参加しただけではケースカンファレンスは、意味のあるものに感じられないのではないか、院生は従来の討論方式のカンファレンスにあった知的理解や臨床的洞察もカンファレンスに求めているのではないか、などのことが話し合われた。そこでもう一度、カンファレンス改革の原点に立ち返り、「院生がカンファレンスに求めるものは何か」、「教員がカンファレンスに求めるものは何か」という問いに専攻全体で意見を出し合い、共有するのはどうか、という結論に至った。

　そこで、専攻主任を中心とした研究チームはカンファレンスの1回を、教員、大学院生がカンファレンスに求めることを話し合う時間として設けることにした。教員の部、大学院生の部の2部制にし、カンファレンスについての上記の問いについて意見を出し合うことを決めた。教員の部、大学院生の部において、1人ひとりがカンファレンスについてどのように思っているのかを発言していった。その中で、特にカンファレンスをどのような場にしたいかという点については、教員間、院生間でも意見の相違があることが感じられた。教員に関しては、各教員の臨床観や教育歴、専門とする臨床領域（医療、教育、福祉等）やオリエンテーションにより、カンファレンスに求めるものが異なる傾向が感じられた。院生に関しては、積極的に意見を言い合うカンファレンスを求める院生もいれば、聞きながら学びたい院生もいた。また、参加しやすいカンファレンスを求める者もいれば、参加しにくくても厳しい雰囲気のカンファレンスを求める者もいた。中には「教員の話が長過

ぎる」という耳が痛い指摘もあった。しかし、そのような意見表明を院生ができたことは、これまでなかったことであり、院生と教員の溝が少し埋まったように感じられた。

これまでのカンファレンスは、教員と院生が様々な臨床観やオリエンテーションの違い、歩んできたキャリアが異なる中で、カンファレンスに求めるものの違いを共有できず、結果として考えの違いが浮き彫りになったり、発表者や参加する大学院生が「置いてきぼり」になることはなかっただろうか。大学院生がPCAGIP方式に反応し、カンファレンスに導入することを主体的に求めてきた背景には、自分たちの臨床現場の体験をもっと大切にしてほしい、自分たちの学びの場を自分たちの手で作りたいという、主体的な思いがあったのではないかと考えられる。

④第Ⅳ期　新しいカンファレンス形式の創出

第Ⅳ期では、これまでの改革を踏まえ、PCAGIP法をカンファレンスの方式に合わせた「カンファレンス型PCAGIP法」を導入した（図3-3、図3-4）。これは参加者の安全感や自由な発言を重視しながら、カンファレンスの知的理解や臨床的洞察も大切にした方法である。「カンファレンス型PCAGIP法」は、「島形式」（図3-5）に机を配置し、発表者と司会者は前に位置する。事例発表を何区分かに分け（2～3区分）、1区分が終わった時点で「島」（グループ）の中で話し合う。その質問を代表者が発表者に伝え、質疑、応答を行う。そして最後に担当教員がケースについてのコメントを行う。

この方式のよいところは、グループディスカッションにおいて全員がカンファレンスに参加できることである。「島」の中では、ケースについて真剣な話し合いが行われる。皆がケースについて思っていることを口にできる。そして質疑応答も行える。最後に、担当教員によりケースの理解についての総括も行われる。何より事例の理解について、参加者間で何が正しいか等の討議をする雰囲気が非常に少なく、発表者も批判されることが少ない。カンファレンスにおいて、参加者は真剣に、そして時に和やかに事例について話

第3章 《教育》PCAGIP法を通じたケースカンファレンス改革

| 司会 | 博士課程 or 研究生 |
|---|---|
| 教員 | 担当教員2名 |
| 大学院生 | 全員参加（修士・博士・研究生） |
| コメンテーター | 担当教員がコメントする |
| 形式 | 修正討論方式 or カンファレンス型PCAGIP法 |
| 席の設定 | ロの字型 or 島形式 |

図3-3　カンファレンス構造（第Ⅳ期）

- グループ分け
- 事例概要・事例前半部分の発表
- 各グループでのディスカッション
- 各グループからの質疑（事例発表者が答える）
- 事例後半部分の発表
- 各グループでのディスカッション
- 各グループからの質疑（事例発表者が答える）
- 担当教員からのコメント
- 発表者の感想

図3-4　カンファレンス型PCAGIP法の流れ

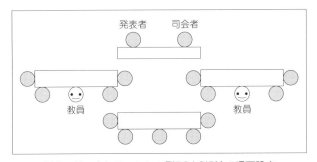

図3-5　カンファレンス型PCAGIP法の場面設定

し合い、事例の理解を深めることができる。

　第Ⅳ期において、院生は、全カンファレンスのうち、約半分で「カンファレンス型PCAGIP法」を選択した(1)。

## 2．固有の意義

　セラピスト養成において事例担当は何よりセラピストを成長させてくれるものである。大学院教育において、クライエントに対する責任から、担当者に適切なセラピーを求める教員の期待は大きい。しかし学び始めたばかりの大学院生に対して過度な期待から情緒的に距離を置き、事例担当者がクライエントを何とか支援しようとする気持ちに寄り添い、支えることも大切な視点だろう。

　岩壁（2007）は、心理療法の失敗に対するセラピストの敏感さは、大学院での訓練期間中に高まるように思え、その要因の一つがケースカンファレンスであると指摘している。事例担当者に期待するあまり、技術や経験の不足を、集団の前で指摘される経験は、初任者の臨床現場での奮闘を否定する経験になりかねない。また神田橋（2011）はスーパービジョンで傷を負っているレポーターが多いことを指摘し、公開スーパービジョンでは、最も尊重するのは目の前にいるレポーターであるとしている。

　臨床実践は厳しいものであるが、大学院生の自尊心を傷つけてしまうトレーニングは、将来の大きな可能性を摘んでしまうことになりうる。何よりセラピスト養成は時間を要するものであり、将来それぞれの院生がどのように成長するかは未知の部分が大きいのが実状ではないだろうか。セラピストを目指す院生に臨床現場の厳しさを伝えることは大切なことだが、当事者である院生の声に耳を傾け、教員も足を止め、彼らが臨床現場で感じている気持ちを大切に取り扱うことも、セラピスト養成には大切な視点ではないだろうか。

　今回のカンファレンス改革は、PCAGIP法をきっかけに、大学院生がカンファレンスに感じていた気持ちを開放したことから始まっている。セラピストを目指す1人ひとりが自分の実践の中から気持ちを開放し、自分のセラピーを作っていくアプローチとして、PCAGIP法は教育現場に大きな影響を齎すものであると考えられる。

※本研究は、日本臨床心理士養成大学院協議会による研究助成を受けた。

注
（1） 現在、院生のカンファレンスで村山正治指導の時に、話題提供者（事例提供者）がPCAGIP形式を選択する場合は第1章に述べている村山正治・村山尚子方式のPCAGIP法手順に沿って実施している。

第2部　PCAGIP法の領域別実践

# 第4章

《産業》
キャリア支援領域における
「PCAGIP法トレーニング」の現在地

南　陽子

## 1．実践の方法

（1）どんな人たちとのPCAGIP法か

　私がPCAGIP法をともにしようとしているのは、企業、ハローワークなどの需給調整機関、教育機関などで働き、「人が仕事を選び、働き続ける過程で生じる様々な困難」に寄り添い、その人らしい働き方、生き方を一緒に探していく役割を担う人たちだ。どのような仕事をするか、またどのような働き方や生き方をするかは、人の人生に大きく影響を及ぼす。その相談に応じるキャリアコンサルタント、もしくは産業カウンセラー（キャリアカウンセラー）と呼ばれる人々もまた自分自身の生き方や働き方を模索しながら生きている。そのキャリアにかかわる対人援助職がPCAGIPに持ち寄る話題は、クライエントにかかわるものの他に、自分の生き方やこれから、仕事に関するもの、職場の人間関係、家族との関係など、人が生きていくことにまつわる多様な悩み（困りごと）である。

（2）なぜファシリテータートレーニングを始めたか

　事例検討やスーパービジョンにあまり馴染みがない対人援助職が、現場に立ち、目の前の人の役に立とうと奮闘している。必要とする時に手を差し伸

べてくれる仲間や先輩もいない中で、苦戦を強いられる仲間や後輩たち（同じ領域でやってみようとしてくれた人たち）の日々を我々はどう支えていくことができるだろうか。対等な関係の中で、それでも仲間の助けになりたいと願う時、出会ったのがPCAGIP法だった。コメンテーターを必要としない、クライエントへの望ましい対応を見つけていくのもまた自分（話題提供者）自身、否定や非難をされることがない、事例の書き方の不適切さを指摘されることもない、しんどいのならしんどいと、苦しいなら苦しいと言っていいし、そのことにしっかり、仲間から耳を傾けてもらえる場が用意されること。参加者全員がリサーチパートナーで、「解決よりも理解」を目指す場、つまり支援職が守られ、その時ばかりは肩の荷を下ろし、ふぅーっと息がつける場や時間、空間が必要なのではないか。

そして、全国に7万人以上いるキャリアコンサルタント、また産業領域で活動しようとする対人援助職を支えていくためには、限られたメンバーだけがいつもファシリテーターを務めるのでは限界があり、広がっていかない。全国どこでも仲間が集まり、PCAGIPの場を持てるよう、草の根運動から始める。それがファシリテータートレーニングの出発点だった。

### （3）PCAGIP法ファシリテータートレーニングの対象者

このトレーニングは、日本キャリア・カウンセリング学会の「PCAGIP法による"事例検討"（オンライン）」という1日のプログラム（2023年）に参加したことのある方々のうち、トレーニングの案内に応募した方を対象としている。トレーニングへの参加を決めて、学会の会員になる人もいる。最初にトレーニングを始めた時（2022年）は10名もの希望者があった。そのため、その年は初回（顔合わせ）の1回と最終回（全体の振り返り）を入れて12回、1年をかけてトレーニングを行うこととなった。トレーニング修了者からの意見を踏まえて、現在は、1回1回の振り返りをじっくり行う時間を確保するため、6名の参加者と月に2回（PCAGIP法本編と振り返り回、初回・最終回を含めると）全14回のトレーニングを行っており、前回参加者がスタッフとして参加してくれている。トレーニング参加者6名と私を含めたスタッフ4

名に前回参加者が2名程度の計12名ほどの参加である。

### （4）4つの役割を経験すること

　PCAGIP法が事例検討法とは言い切れない（「事例ではなく、事例（話題）提供者が主役」）ように、私たちの「PCAGIP法ファシリテータートレーニング」もまた、ファシリテーターのためだけのトレーニングとは言い切れないところがある。参加者はトレーニング期間全体を通じて、PCAGIPのファシリテーター、話題提供者、記録係、金魚（質問者）という4つの役割全てを経験する。それぞれの役割にはその役割ならではの工夫と体験（心の動き）があり、それを味わうこともまたPCAGIPをやっていくために必要なことなのだ。ファシリテーターをやってみてどうだったか、ということも大事だが、他の役割をやってみてどうだったか、という体験もまた同じように大事なことだとわかってきた。

### （5）ある日のPCAGIP法ファシリテータートレーニング

　平日夜、オンラインで行うトレーニングは、ファシリテーターが参加者にメールを送るところから始める（トレーニング当日の1週間程前）。役割の確認、Zoomミーティング情報、そのほか、参加者の気持ちをいざなうようなその時々の言葉を添える。そんなところから、参加者は「その日のPCAGIP」に誘われていく。

　ファシリテーターを担当する2名には、話題提供者から当日の話題について（400字程度）、その話題を取り上げた理由・困っている点（1行）、何を得たいか（1行）を書いたデータがあらかじめ送られている。

　当日のZoomのオープンは19時。記録係2名がスタッフのサポートを受け予行練習と連携の確認を行う。ファシリテーターも少し早めに顔を見せ「画面共有」の確認など準備をする。19時30分には全員が揃い、スタッフが録画を開始。今日の気分や最近の出来事など、全員が1〜2分の発言（チェックイン）をしてから、ファシリテーターは「今日のPCAGIPで大事にしたいこと」を話し始める。これはPCAGIP法やPCAについて書かれた書籍の中

から、ファシリテーターがピックアップしてくるもので、あらためて今日の参加者が「PCAGIPの入り口に立つ」のを助ける。話題提供者がその日の話題について話し始めるのが20時頃。金魚（質問者）からの質問は2巡、話題提供者が話してくれることをじっくりと聞いていくと21時30分過ぎになっている。ファシリテーターと話題提供者が今日のPCAGIPの感想を述べ、記録係は記録の共有を停止する。ファシリテーターからターンを引き継いだスタッフは、まずファシリテーターに、どのような体験や工夫、時間を過ごしたかを問いかける。他に、その日のうちに話しておきたいことがある人からの発言を待ち、22時に終了。スタッフは、録画データを1週間以内に共有する。

### （6）2週間後の振り返り回

トレーニングの2週間後に「あの日のPCAGIP」の振り返りを行う。振り返り回のスタートは19時30分、いつものチェックインから始まる。録画をすでに何度も見たという人もいれば、見ていない人もいるので、記録を共有しながら、それぞれの役割の人がどの時点でどういうことを感じていたか、「実は、この時…」、「録画を見て…」、「そういえば、あの時…」とか「今思うと…」、「ターニングポイントがあったとすると…」といった話が共有される。それぞれがそれぞれの立場で、2週間前には言葉にならなかった（または、言い出す機会がなかった）体験を語り、それを聴き合う。最後に次回の役割を決めて、22時頃振り返り回は終了する。PCAGIP法本編と振り返り回が1セット、それを人数分回やっていくのがこのトレーニングのベースである。

## 2．固有の意義

### （1）参加者からの感想

固定のメンバーで毎月1回PCAGIP法を継続的に行う、全員が交代で主要な役割を担い、人の生き方や人生にかかわること（クライエントへのかかわ

りをとおして見える、その人の仕事観や生き方）が語られる。オンラインなので、同じ空間をともにしているわけではないが、それでもその期間「人生をともにしている」感覚、「それぞれが、それぞれの場所で働いている」気配や息遣いを感じられる時間にはなるのではないか。

　トレーニングの終了後の参加者からの感想では、ファシリテーターとして「ファシリテーター自身が話題提供者の言いたいことを理解できているのかと不安になった」「グループ全体を見ること、金魚もしっかりと見ることができていなかった」。記録係として「メモ的に列記しても、それがPCAGIP法の中で効果的に活用されないと全体のセッションの質に影響が出てしまうと難しく感じた」。金魚として「カウンセリング力が問われると数回してから気づいた」「ほかの人がした質問によって話題提供者の話すことが刻々と変化していくので、その変化を見逃さないように集中して聞きながら、自分の中から湧き出てくる感覚を質問という形に変えるのが素早く端的にはできなかった」。話題提供者として「1対1のカウンセリングでは得られない、たくさんの方から受容／認証してもらえる体験を経て、PCAGIPが終わった後も日々少しずつ、私自身を前へと後押ししてくれているのを感じている」「自分の感じ方、考え方と向き合う機会となり、それが確たるものとなった」、全体として「毎回、生きたPCAGIPを学べる場だった」「この場は、出したら受け取られる場だと、場に対して信頼感が湧いた。ほかの人が（話題を）出して、それが受け取られるのを見ていたことからそれを感じた」などが出された。

（2）このトレーニングは参加者に何をもたらすか
　PCAGIP法は「ただやりさえすれば効果が上がる、というようなものではない」（中田、2012）と言われるように、自分のかかわる組織や仲間、学習グループなどで本だけを見てやろうとすると、「こんなはずではなかった」とか「話題提供者が否定された感じを味わう」、「本当にこれでいいんだろうか」などと感じることが起きてくる。一度ワークショップに参加したからといって、明日からできるものでもないだろう。

このPCAGIP法ファシリテータートレーニングが参加者に提供するのは、仲間とともにそれなりの時間をかけ、試行錯誤や苦労、うまくいかないという体験をする機会である。また、そのことを語り合い、PCAGIPとは何か、何のため（誰のため）に、どこに向かって（何を目指して）、その場を持つか等を自分なりに見つけ出していくプロセスだといえる。

　そのプロセスに伴走するスタッフもまた、少し多めにPCAGIPを体験してきたからといって、お高くとまっていたり、物知り顔で何かを語ったり、わかっているようなコメントをすることはできない。教える側の視点や理屈、ペースではなく、PCAGIP法を学ぼうとする参加者１人ひとりの反応や声、心の動きに反応を返す。いつもどうなることやらと気を揉みつつ、スタッフ自身も参加者としてその場を生き、長い目で付き合っていく姿勢が求められる。

　先日、PCAGIP法ファシリテータートレーニングを終えた初回メンバーが、「PCAGIP法を続けていこう」とオンラインで集まる機会を作ってくれ、私は話題提供をさせてもらった。キャリアの領域の支援は問題解決志向で、助言や提案に走りがちといわれているが、PCAGIP法をする仲間は支援的な問いかけと理解によって私を励まし、対等な関係の中で肩の荷を下ろし息がつける場を提供してくれたばかりではなく、では自分がどうありたいかを見つめ直す機会を与え、前を向く力をくれた。このトレーニングに参加した方々がそれぞれのフィールドでどのようにこの経験を活かしていかれるか、お聞きできるのを楽しみにしている。

## 第5章

《産業》
## 産業カウンセラーの事例検討

高楊美裕樹

　筆者は産業カウンセラーの資格を取得後、実技指導者としてその養成にかかわり、2008年からはEAPに所属しカウンセリングや研修などの活動を行っている。「人を活かす・大事にするとは」という問いから軸をC. R. RogersのPCA（パーソン・センタード・アプローチ）に求め、2016年に村山正治先生の門をたたいた。PCAの講義、そして初めてPCAGIP法に触れた時「この心の穏やかさと温かさはなんだろう」と思うと同時に一気にその場の一員になった。この実感は忘れたくない、PCAGIP法を身に付けたい、また仲間に知らせたい、広げていきたいという思いから毎年村山先生の講義の受講と実践を重ねてきた。その後は学会やPCAGIPの講座に参加し、産業カウンセラーの仲間とPCAGIP法を始めた。現在はNPO法人や企業内のカウンセラーへとPCAGIP法を展開しつつある。

　20年近くEAPにかかわる中で働く環境は大きく変わり、「心理的安全性」というテーマは世の中の必然のように感じる。「人とどうかかわっていくのか」また「仕事も組織も人で成り立つ」ということを再考する時期にきているのではないかと思う。PCAGIP法はまさに人との関係性が土台となって、「ここにいてよい。発言をしてよい」という安心安全感があり、自分と相手を信じ次への一歩を踏み出す力を得られると筆者は感じている。ここでは、筆者が感じた人を活かし活かされるPCAGIP法の魅力と今後の展開について話したい。

## これまでの事例検討会

　産業界で事例検討と言えば、先輩カウンセラーやスーパーバイザー、大学などで教鞭をとられる先生方の事例検討会が多い。事例をスーパーバイザーに送り、当日は事例をスーパーバイザーが途中で区切りながら、参加者からの質問を受け、アドバイスを交え検討をしていく流れである。話題提供者にとっては事例の整理ができ、考えをまとめられる。参加者側は、相談内容の多様さを知り、支援策の一例を学ぶことができる。

　一方で、責められるように感じる質問やアドバイスは、できなかった点を仲間の前でさらされるような緊張感を話題提供者にもたらす。

　ではPCAGIP法（村山・中田、2012）はというと、３つのグランドルール（批判しない、メモを取らない、守秘義務）が守られることで話題提供者始め、参加者全員が一体となっていく雰囲気がある。何度も村山先生のPCAGIPに参加し、ファシリテーターを務めるようになったのを機に仲間と始めてみると「出してよかった。元気づけられた」「仲間と一緒に考える時間だった」という声があがる。

## １．実践の方法

### （１）対象と頻度

　①対象はほぼ、産業カウンセラーと公認心理師である。時には、キャリアコンサルタント、精神保健福祉士、危機介入のカウンセラーや企業人事といった面々の参加もある。

　②頻度は、2017年から続く村山先生とコラボする「東京講座」で毎年１回実施（コロナ禍の２年は休講）。また、筆者が代表を務めるaiカウンセリング研究所で10年続けているリスニングの仲間との事例検討にPCAGIP法を入れている。

### （２）工夫していること

　①導入でファシリテーターの自己紹介と場に溶け込むワークを参加者とし

ている。その後配布資料をもとに「3つのグランドルール」とPCAGIPの定義、由来、目的を村山先生との学び（村山、2005）を交えながら解説し、「グループ体験」であることを伝えることでPCAGIPの目的が共有される。

②全員で創る温かい場を意識して、参加者同士の自己紹介と語りの場を用意する。継続して参加している仲間同士では、最近1か月のトピックをそれぞれ話し、共有している。

③遠方にいる仲間も参加できるようにオンラインでの金魚鉢参加を試行。カメラでホワイトボードを映し、質問や最後の感想にも参加していただいている。鍵を握るのは「ホワイトボードをいかにクリアに見せるか」であるが、最近のカメラはくっきりと映すことができ、概ね好評である。

④板書の書き方は担当に自由に任せている。はじめて担当する場合に、ケースであれば「私（話題提供者）」の部分は黒色のペンで、「クライエント」の部分は青色のペンとか、自分のことであれば「出来事や事柄」は黒色、それに伴う「感情・思考・行動」は青や緑といったペンで色分けをして書き、わかりやすくする工夫を伝えている。産業場面では組織の話が出てくることも多いので、立場やメンバーの立ち位置を図式化して現状をわかりやすくするなどユニークな展開が学びとなっている。

⑤参加者からの提案。カウンセラー仲間としての「応援したい」「伝えたい」という思いに応えている。一方で意見の押し付けにならないように、ファシリテーターが見守る（村山、2014）。

⑥最初と最後に感想を書いてもらう。どんな考えや気持ちで参加して、その思いがどう変化するかを今後の検討事項に入れさせていただいている。

（3）参加者の視点の違い

はじめて参加する際は、今までのスーパービジョンとの違いや事例内容の情報量の少なさが気になるとか、オンライン参加は「臨場感が持てないのでは」との声がある。一方でオンラインでも「新しい視点が学べる」「どんな展開になるのか楽しみ」という声もある。

実施後の感想は「参加者がつくる温かい雰囲気の中は居心地が良かった」

「参加したカウンセラーの引き出しを増やすことにつながっている」「言語化→視覚化→共有というプロセスで、クライアント理解が深まる」など参加した充実感が伝わってきている。

何度も参加しているカウンセラーは「その人の見た風景、空気感を感じたいという思いでの質問を心がけた」とか「話題提供者の話し方、身体の使い方にも注目する」などの工夫をしている。

## 2．固有の意義

### （1）PCAGIP法を取り入れる意味・魅力

方向性を示すというより、参加者全員で聴いて見て話して動いていくという流動的なカウンセリングのプロセス体験であり、安心して仲間と揺れていく時間は、カウンセラーのクライエントを抱える力を養うと考える。

魅力の1つはエンパワーメントである。ある話題提供者が終了後次のようなコメントを残してくれた。「PCAGIPで私が得たものは、洞察ではなく、受け入れられている、という温かさのようなものだったように思います。火を囲み、一人が話す物語を皆がじっと聞き入るさまがイメージされます。」まさにPCAの無条件の積極的関心と共感的理解を言い得ている。

2つめは、カウンセラーの現在地の確認である。仲間が創る温かで安全な場は英気を養え、自らを率直にふりかえることができる。そして今日の立ち位置を確認し、また次に向う。静かだけれど愛ある確かな力がPCAGIP法を体験すると私たちの中に生まれてくる。

### （2）教育という視点

PCAGIP法の体験は日々のカウンセリングに活かされていく。①質問の質が上がり、伝え方が磨かれる。新たな自分の言葉を見つけていく。②話題提供者の背景・心情・行動を共有する中で、参加者自身の聴き方や進め方がシンクロし、価値観など気づきにつながる。③板書で視覚化する効果により、プロセス全体を理解し、常に変化していくカウンセリングの息づかいのよう

な細やかさに注目できる。④楽しく学ぶ時間の共有がネットワーク創りとなる。

## （3）参加者は何を得ているか

話題提供者は理解しようとする仲間の存在で、①元気をもらえる②自分自身の枠組みに気づく③素直になれる④自己肯定感がでる。

「温かく質問してくれるので、受容共感されたと感じて、元気になる」「安心してクライエントと自分に深く向き合える」「サポートが必要なのは自分も同じだった。そう認めることで少しだけ楽になって、またやっていこうと思える」これらの感想から、仲間の力を感じて今の自分を率直に認める力になっているとわかる。

参加者は、①メモを取らないので集中できる②自らの思考の動きを体験する③板書から事例を立体的に捉えられる④リサーチパートナーという立場が話題提供者との心の距離の近さにつながり一体感を経験する。

ファシリテーターは、1人ひとりの思いを大事にする温かい人間観と仲間の力を信じて協働していく力を養える。それはグループ全体を見守る力と状況や人物像を浮き彫りにしてわかりやすく伝えるコミュニケーション力にもつながっている。PCAGIP法はどの立場から参加しても温かい「愛ある場」になっているのを感じられる。

## （4）企業研修における現在の取り組み

筆者は管理職向けの研修で、PCAGIP法から得た「温かく迎え入れる態度」や「ヒントになることが出ればよい」というかかわりの土台を持って、心理的安全性を味わっていただく時間を提供している。方法としては、事前課題をお願いし、同僚とその課題を共有する。終了後のアンケートで「仲間と話す時間がよかった」「自分1人じゃないと思った」という声や「部下が愛しくなった」という発言も聞かれた。今後はPCAGIP法に近い形（実際の課題）での展開を考えている。

## （5）産業領域でのPCAGIP法

　産業カウンセラーの仲間と実施してきた経験と研修に取り入れた感触から、PCAGIP法の「個の尊重」と温かく迎え入れる態度やヒントになることが出ればよいというかかわりは、仲間の力を信じる「心のあり方」につながっていくと感じている。心理的安全性がテーマだからこそ、筆者はこの安心安全で温かなグループ体験を組織の多様な仲間を理解し、自らも活かしていく貴重な体験として継続的に働きかけたいと考えている。

## 3．おわりに

　「心理的安全性」は時短では作れない。そこには一緒に働く仲間をどう見るかという人間観と仲間を信頼し行動することが土台にある。PCAGIP法は、働く人を活かしそのあり様を変え、活かされるかかわりが組織や企業に広がることで社会全体も支え合う土台に変わる可能性を秘めていると感じる。今後も私たちカウンセラーはPCAGIP法を含め、愛あるかかわり方をしていく。そしてそのかかわりはじわじわと広まっていくに違いないと期待を込めて小さな静かな挑戦をし続けたい。

第2部　PCAGIP法の領域別実践

# 第6章

《産業》
## 組織活性化の「ピカジップ愛」
―― 強みを活かす研修手法

西木　聡

## 1．実践の方法

### （1）私のアプローチ法

　私は約40年間経営コンサルタント業界に身を置き、主に人事、人材育成、組織開発の分野で企業支援を行ってきた。一方で、村山正治先生に教えを請い、ベーシック・エンカウンター・グループ（BEG）のファシリテーターとしても活動してきた。そのような経緯から、BEGのエッセンスであるPCA（パーソン・センタード・アプローチ）を様々な場面でコンサルティングに活かそうと試行錯誤してきた。

　私は、組織開発におけるPCAを「組織の中で、PCAの理念である1人ひとりの『実現傾向』を大切にし、『成長』を促進していくアプローチである」と定義づけている。人が持っている自分自身の花を咲かせようとする潜在的な力が「実現傾向」であるが、自分には生来どのような可能性があって、どこに向かって成長していけばいいのか、それを知る手掛かりになるのが1人ひとりの「強み」だと私は考えている。

　したがって私は、人材育成において「強みを活かす」というアプローチ法を一貫して実践してきた。ここではその一つである「ピカジップ愛」という研修手法を紹介したい。

## （2）ピカジップ愛の進め方
### ①ピカジップ愛とは
　強み開発の手法であるAI（Appreciative Inquiry）に、「ハイポイント・インタビュー」という強みを発揮した事例を話し合うワークがある。それをPCAGIPに取り入れた強み発見事例研究法がピカジップ愛である。PCAGIP＆AIなのでピカジップ愛と名付けた。これは悩みや問題点を取り上げる事例研究ではなく、メンバー1人ひとりの強みやポジティブな側面にフォーカスする事例研究法である。

### ②ハイポイント・ストーリーの作成
　まず研修の参加者全員に、強みを発揮した事例を作成してもらう。強みを発揮した事例をペアでインタビューし合うのがAIのハイポイント・インタビューであるが、ここでは自分の強みを発揮した成功事例を文章でストーリーにして記入してもらう。なかなか思いつかない人もいるので、次のようなインストラクションを行っている。
　「これまでの仕事の中で、あなたの強みや自分らしさを発揮した体験について書いてください。あなたが生き生きとし、熱中して、自分自身に誇りを持てた体験をストーリーにして、A4用紙1枚に書いて下さい。大きな、立派な体験でなくても、自分にとって印象に残る大切な体験であれば結構です」
　研修時間短縮のため、これを事前課題にして持ってきてもらってもいい。

### ③ピカジップ愛の設定と役割の説明
　まず5～6人を1グループとして、グループごとにホワイトボードを用意する。次にピカジップ愛は、1つの事例につき話題提供者、ファシリテーター、ホワイトボードへの記録係、メンバーの役割があることを説明する。
　ファシリテーターに慣れない人も多いので、ファシリテーターガイドを渡し、そこにある手順に従って事例検討を進行してもらうようにしている。
　ホワイトボードへの記録は、過去の研修のホワイトボード記録の写真をい

くつか見せて、記録の取り方の参考にしてもらっている。PCAGIPのピカマップになぞらえて、ストレングスマップと呼んでいる。

　メンバーには、話題提供者が主役であり、話題提供者の強みやよさを発見し、フィードバックすることが役割であることを説明する。そのために積極的に質問するよう促す。メンバーは話題提供者の応援者である。したがって批判的な言動、ネガティブなフィードバック、からかうようなふざけた質問は絶対禁止というルールを徹底させる。どのような質問をしていいかわからない人もいるので、質問例を記した質問ガイドを渡している。

④ピカジップ愛の進行
　ファシリテーターは以下の手順でワークを進行させる。
　第1ステップ：事例説明。話題提供者は事前に作成したハイポイント・ストーリーを説明する（5～10分）。
　第2ステップ：質問タイム。メンバーは質問を投げかけ、ストーリーを深掘りする。事例そのものの面白さに関心が向きがちであるが、話題提供者の強みやよさを見出せるような質問が歓迎される。ファシリテーターや記録係も質問してよい（10～15分）。
　第3ステップ：強み発見討議。感じたことを話し合い、話題提供者の強みをまとめる。ホワイトボードに記録されたストーリーや質問に対する回答を見ながら、話題提供者の強みやよさを全員で挙げていき、記録係はホワイトボードに追加していく。この討議にはファシリテーターや記録係も加わる（10～15分）。
　第4ステップ：感想と気づき。話題提供者は様々なフィードバックを受けた感想や自分自身に対する気づきを語る（5分）。
　ここまで1つの事例検討に要する時間は30～45分である。そして役割交代をして次の事例検討を行う。私は右回りに役割をずらしていき、全員が1回は事例提供者、ファシリテーター、記録係、メンバーのすべての役割を体験できるようにしている。

## （3）ピカジップ愛の中小企業への展開
①ピカジップ愛の課題

　私はこれまでピカジップ愛を、生協を中心に数百人から千人規模の比較的大きな組織のキャリア研修や年代別研修に取り入れて実践してきた。大きな組織では、研修体系も整備されていて、研修時間も１日取れる。

　しかし中小企業では、同じ仕事を長年続けることが多く、キャリア設計と言えるほどのものがない。研修時間も半日取れれば御の字である。また研修慣れをしていないので、強みと言われてもうまく言語化できないことも多い。

　ピカジップ愛を中小企業で展開するには、そういった課題を克服する工夫が必要である。

②改良版ピカジップ愛

　そこでまず研修時間であるが、半日研修を２回実施することにした。そして事前にギャラップ社の「ストレングス・ファインダー」という強み発見診断を受けてもらう。１回目の研修では、「ストレングス・ファインダー」を使って自身の強みを認識する研修を行う。「ストレングス・ファインダー」により５つの強みとそれぞれの詳しい解説がフィードバックされるので、言語化が苦手な人でも、自分の強みが認識しやすいし、他のメンバーの強みもその理論に従って認識することができる。

　２回目の研修では、事前課題としてハイポイント・ストーリーを書いて持ってきてもらう。そして先に述べた要領でピカジップ愛のワークを行う。１回目で「ストレングス・ファインダー」から見た他者の５つの強みを共有しているので、それがどのようにハイポイント・ストーリーに表れているかという観点からフィードバックしてもらう。そうすると研修慣れしていない人でもフィードバックしやすくなる。

　もう１つ工夫した点として、ホワイトボードへの記録係を私がするようにした。書くことが苦手な人も多いので、こうして私が言語化の手助けをするようにしている。ホワイトボードに書きながら、討議を妨げないように私も

質問したり、ファシリテーターをサポートしたりすることもできる。幸い中小企業では、1回の研修人数が5〜6人の少人数でやることが多く、私も中に入り込んで一緒にやることができる。

この改良版ピカジップ愛における「ストレングス・ファインダー」を使った手法は、何も中小企業だけでなく、大企業でも使えると思っている。

## 2．固有の意義

### （1）ピカジップ愛の効果

ピカジップ愛の効果は、第1に「自分の強みに気づく」こと。ハイポイント・ストーリーを通して、他者の目から見た自分の強みやよさに気づくことは、新鮮な自己肯定体験となる。グループメンバーからいろいろ励ましてもらったり、褒めてもらったりしたことが自信につながったという感想は多い。

第2に「他者の強みに気づく」こと。企業組織では人を褒めたり、褒められたりする機会が少ない。これは社会的問題である。ピカジップ愛は、他者を認め、他者の強みに光を当てることの大切さとスキルを学ぶ機会となる。

第3に「他者の体験からいい刺激を受ける相互作用」がある。他のメンバーの頑張っている体験談や、仲間を大切にしている話など仕事上の価値観を聞くことができるのは大いに刺激になる。

第4に「モチベーションが高まる」こと。強みは未来を切り拓く武器であることを学び、明日からの仕事に向けて勇気と自信を持つことができる。

### （2）組織活性化につながるピカジップ愛

PCAGIPにはBEGのエッセンスが詰まっている。PCAとIP法の間にGを入れたのは、グループのGを入れたかったからだと村山正治先生から聞いたことがある。私もBEGのファシリテーター体験を企業内研修に活かしたいと思いピカジップ愛を開発した。

そこには、1人ひとりが輝く組織を作りたいという思いがある。「彼のこ

の点は強みだが、成長するためにはこの弱みを改善しないといけない」。こういった考え方が人材育成の現場に蔓延している。強みと弱みをセットにして見ているのである。私は、人が成長するのは強みだけで十分だと思っている。職場のメンバーがお互いの強みにスポットを当て、多少の失敗には目をつむり、強みをより発揮するよう励まし合っていく組織、そんな組織の中で人は輝いていくのだと思っている。ピカジップ愛の実践が、そのような活き活きとした組織を作ることに役立っていくことを願っている。

## 第 7 章

《医療》
# 医療従事者の事例検討・研修・教育としてのPCAGIP法

野村陽子

　筆者は2016年より、総合病院において医療従事者、主に看護師を対象に、メンタルヘルス、教育そして事例検討などを目的に、PCAGIP法を導入し継続してきた（野村・村山、2021）。たとえば、入職後2年目研修、パワーアップ研修、管理職研修、さらに緩和ケア病棟では「モヤモヤピカジップ」という愛称で、モヤモヤしたことについて話し合う場として用いられている。

　本章では、主にデモンストレーションなどでファシリテーター役を担う際の、安心安全な場をつくるための「批判しない」グランドルールの伝え方や、業務に役立てられるよう独自に取り入れた「未来に向けた選択可能な提案」、その他のちょっとした工夫についてご紹介したい。

## 1．実践の方法

### （1）安心安全な場をつくるための「批判しない」ルールを伝える

　たとえば、よくある質問の形として「なぜ（どうして）〜した（しなかった）のですか？」がある。この質問は意図せずとも「〜しなければ（していれば）よかったのに……」という**質問という名の批判**になりやすい。この聞き方はミスをしたときの振り返りや指導の場でよく使われており、指導された側は責められたと感じ自信を失う反面、指導する側はそのことに気づいていないことが多い。そのため、具体的な例をあげて「質問という名の批判」に

ついて伝えることで、このような日常に起きやすいコミュニケーションの齟齬を回避し、日々の後輩育成や患者対応などの人間関係にも活かし、良好なコミュニケーションにつながることを期待し丁寧に伝えている。

(2)「未来に向けた選択可能な提案」をしてもらう

　質問が出尽くしたところで、質問と同様に、ひとり1つ以上の提案をしてもらう。これはオリジナルにないが、多くの話題提供者から「皆から色々な意見をききたい」「何か具体的なヒントや策があれば教えてほしい」という要望があり付け加えたものである（事前に話題提供者に希望を尋ねている）。

　ただし提案についても、**過去への批判を含む提案**「～すればよかったと思いました」、押し付け「～すればよいと思います」などがあり、これらも注意が必要である。そのため「～してみてはいかがでしょうか」という文言に当てはめて「**未来に向けた選択可能な提案**」をしてもらう。これは提案を取り入れるかどうかは話題提供者が**自由に選択できる**ことを保障するものでもある。そして、ファシリテーターは些細なことでも批判と感じた場合は、見て見ぬふりや「これくらいなら、まあいいか」というような曖昧な態度はせず、わからない場合は必ず話題提供者に確認することが大事である。

　また、この文言「～してみてはいかがでしょうか」を書いた用紙をホワイトボードの片隅に貼っておくと、批判や押し付けのような提案が出た際に、ファシリテーターが「この文に当てはめて言うと？」と促しやすい。

　この提案は安心安全な場を維持しつつ、医療従事者の多くが持つ「人を助けたい、人の役に立ちたい」という思いを、相手を尊重しながら表現できることから、自己効力感にもつながり、お互いの知識や視野も広がる。そして、皆の前で自分の意見や考えを述べるという体験が「**心理的安全性のある職場作り**」にもつながっていくと考える。

　また、アンケートでは「色々な方向から意見を聞けてよかった」「同じような状況なので参考にしたい」「自分のやり方が間違っていないと感じた」「批判しない伝え方を知ることができた」など、肯定的なコメントが多い。

## (3) 事前課題を書きやすくするための工夫

　PCAGIP法で検討してもらいたい自分の事例を書いて提出する事前課題は、どの程度の、どんな次元の困りごとを、どのように書けばいいか迷う人も多い。そのため、下記のような例文をつけることで書きやすくなり、提出する人が増える。

　〈例文〉骨折した患者さんの手術後、退院日が近づいて離床を促したいが、リハビリの声をかけても「今日はやりたくない」と言われてしまう。主治医の声かけには「頑張ります」と言うが、なかなか進まない。どうしたら患者さんのやる気がでるようなかかわりや援助ができるか？

## (4) 小グループに分かれて実施する場合の配慮と見守り

　デモンストレーション後に、小グループに分かれて実施する場合、グループ内に同じ部署や事例に関係している人がいると発言しづらいことがある。そのため、事前にわかる範囲で配慮したグループ分けをしている。また、小グループでは、じゃんけんで負けた人がファシリテーター役をつとめることが多くみられる。そのため、ファシリテーター自身が緊張や戸惑いなどでいっぱいいっぱいになりやすく、批判的な発言に気づかないことも少なくない。そのため、PCAGIP法経験者（実施担当者や管理職など）が、見守り役としてグループに1人ついて、必要があれば介入するようにしている。

## (5) 配布資料の準備と、PCAやPCAGIP法について伝えること

　実施後に見返して各々が自部署で実施できるように、「PCAGIP法の定義・由来（PCAについて）・目的・教育的側面・グランドルール・実施方法・批判にならない質問や提案について」などをまとめた資料を配布している。この配布資料は筆者が作成したもので、必要に応じて加筆修正をしている（野村・村山、2021）。また、実施前にこの資料を見ながらPCAの人間観やPCAGIP法の誕生や目的、実施の流れを伝えることで、どのような姿勢でグループにかかわればよいかを理解でき、話題提供者を元気にするという目的を明確にする。

## （6）「時間を惜しまずゆっくり丁寧に」をモットーに

　前著（村山・中田、2012）にも「90分〜120分程度必要」とあるが、実践を重ねるたびに時間を惜しまず、じっくり丁寧に実施することが重要だと確信する。これは多くの人が感じている「グループカウンセリング」あるいは「フォーカシング」的な要素があるからだろう。たとえばカウンセリングでよくみられる「沈黙」は、クライエントの自己探索や内省など様々な心の動きがあり、とても重要な時間であるが、PCAGIP法でも同様に話題提供者が沈黙し、考え、言いよどみながら時間をかけて質問に答える場面がよく見られる。その時、誰かが口をはさんだり、答えを急かしたりして早く進めようとすれば、大事な心の作業が中断されてしまう。そのためファシリテーターは、話題提供者だけでなく参加者1人ひとりについても、各々の心の作業に目を向け、心を配りながら、充分に時間をかけ丁寧にかかわることが肝要である。

## （7）話題提供者の気持ちを中心に聴く

　とくに初回は、事実確認や事例自体を掘り下げるなど分析的、表面的になりやすい。もちろん事実確認も必要だが、そればかりでは話題提供者は元気にならない。そのため気持ちが表出されたら逃さず「その時、○○さんはそういう気持ちだったんですね」と伝え返したり、ファシリテーターから話題提供者の気持ちにフォーカスした質問をしたりするようにしている。そして記録者にも、赤ペンなどで強調して書いてもらい、参加者全体に話題提供者の気持ちが可視化できるようにする。そうすると自然に事例中心の質問から話題提供者や関係者の気持ちについての質問が増え、それまでとは違う次元での理解が深まる。たまに想定外の答えが返ってくることもあり「いかに想像や思い込みで聞いていたか」ということに気づかされ、そこから大きく流れが変わることもある。そうなると、まるで謎解きをするように様々な視点から話題提供者の気持ちや背景、可能性などに思いを馳せた質問が飛び出し、グループ全体が活き活きと動きだし、ぐっと深い体験過程となり面白い。

### (8) ユーモアと自由な発想を大事にする（遊び心を持って楽しむ）

初回はとくに「変なことを言ったら笑われるのでは？」など、いわゆる心理的安全性が低くなり緊張しがちである。そのため、ユーモアや斬新な発言をあえて入れてみると、緊張も解け、参加者からも同様に面白い質問や斬新な提案が飛び出し、自由度が高まり笑いや活気のあるグループワークとなることが多い。ここは、まさにファシリテーターの腕の見せ所ではないだろうか。

## 2．固有の意義

他領域と同様に、医療従事者にとってもPCAGIP法には広く深く大事なことが凝縮されており、事例検討だけでなくメンタルヘルス研修や教育としても大いに活用できる。教育や研修の視点から考えると「話題提供者」は、自身の困りごとを話す難しさや、辛い気持ちを吐露することへの抵抗感、わかってもらえるだろうかという不安などを感じ、まさに「患者体験」になる。また「ファシリテーター」は、参加者の様子や時間など全体を見ながらグループを促進させるため「管理職やリーダー業務、実地指導、日々の業務」に役立つ。さらに「記録者」は、参加者の話をまとめて端的に書くため「わかりやすい申し送りやカルテ記載」につながる。そして参加者全員の「1人1つ必ず発言」では、アサーションや傾聴を学ぶことができ、さらにベースにあるPCAの人間観についても、体験を通して触れる機会にもなる。

事例検討としては、声の大きい人やベテランばかりが話すのではなく、経験値、職種など関係なく様々な立場の意見や考えを聞くことができる。また、よくある部署内や部署間の隔たりや摩擦も、事例を通して互いの状況や悩みを知ることで、誤解が解け理解が深まることがあり、これらは病院全体の連携やチーム医療が促進され、患者や家族に還元され社会貢献につながる。

さらにメンタルヘルスの観点では、たとえば話題提供者は、皆が自分の事例について、一緒に真剣に考えてもらえるという暖かいプロセスの中でエンパワメントされることが多い。また終了後の参加者の多くは、開始前とは

打って変わり、まるでコンサートやテーマパークから出てきた興奮冷めやらぬ人たちのように高揚感と活気がある。つまり、**元気な人もより元気にするという「0次予防」**にもなる（野村・村山、2021）。そして、筆者においても大げさではなく、参加者の頑張っている姿や気づきの瞬間、他者への優しい眼差しに触れ、毎回感動し元気をもらう。そして終わったばかりなのに「また！　もっと！」実施したくなる。どうやらPCAGIP法には、麻薬のような常習性があるようである。そして、感情労働と言われる医療従事者にとっても、自他の資源に気づき、労いや癒しを得られ、エンパワメントされるからこそ、受け入れられ継続できたのかもしれない。さらに言えば、そこには村山先生の人生のプロセスと人間愛が具現化されているからこそ、多くの医療従事者のすり減った心に染み入る**「人の温かさが宿る体験」**となるのではないだろうか。

　また、PCAGIP法は一つの方法論として形式的に実践するのではなく、PCAの人間観やPCAGIP法の醍醐味や感動を伝えたいという自身の思いを持って実施すれば、何かしら伝わり受け入れられ広がり、やがてはその場の文化となるだろう。ただし、PCAGIP法は誰でも簡単に実施できる反面、一歩間違えば侵襲性が高く、傷つき体験になることもある。だからこそ、人に対する愛と尊重と繊細さを忘れず、参加者全員が温もりを感じる出逢いの場となることを願い、今後も参加者にカスタマイズしながら柔軟に実践していきたい。

# 第8章

《地域医療・福祉》
## 地域の医療・福祉専門職を対象にした PCAGIP法

足利　学

## 1．実践の方法

### （1）地域の医療・福祉の現状

　超高齢化社会を迎えているわが国では、高齢者が自分らしく生活を続けるために、いかにして自宅や住み慣れた地域社会で自立した生活ができるかが大きな課題となっている。それとともに患者や施設やデイサービス等の利用者を支援する医療・福祉従事者も年々増加している。医療従事者では、病院やクリニック、訪問看護ステーションで働く医師や看護師、リハビリテーションの療法士（理学療法士・作業療法士・言語聴覚士）、薬剤師などである。福祉従事者では、居宅介護支援事業所のケアマネージャー、訪問介護事業所の訪問介護員などである。地域包括ケアシステムにおいては、高齢者個人に対する支援の充実と社会基盤の整備のために、地域ケア会議が推奨されている。自治体職員やケアマネージャーや介護従事者、リハビリ職や医師・看護師やその他の医療従事者などの関係者が参加し、個別課題や社会課題の解決を目的に協議する。これは多職種がそれぞれの専門的な立場から意見交換し、患者や利用者の利益につながるであろう。一方で、在宅医療や訪問介護の領域では、患者宅や利用者宅へ一人で訪問することが多く、自分の対応方法やかかわり方が適切か否か、誰にも相談できずに悩みや心配事を抱え込んでし

まうことが少なくない。

そこで筆者は、地域の医療・福祉専門職を対象に、PCAGIP法を実施することによって、専門職が元気になったり、勇気づけられたりして、患者や利用者にプラスの影響を与え、最終的には地域の医療・福祉の向上につながるという思いで継続的に事例検討会を開催している。

（2）実践例

PCAGIP法の事例検討会は、2か月に1回の頻度で開催している。周知の方法は各事業所へのFAX、ホームページやFacebookなどのSNSを活用している（図8－1）。参加者は毎回、多少の変動はみられるが、おおよそ10名程度である。職種は様々であり、訪問看護ステーションの看護師・作業療法士・理学療法士、ケアマネージャー、訪問介護士などである。場所は地域の公共施設の会議室を利用しており、その際には「狭すぎず広すぎない」部屋を選択することを心がけている。狭すぎる空間は窮屈に感じやすく、広すぎる空間は開放的すぎて落ち着かない気持ちになりやすいため、環境面に配慮している。さらに、開催日時については、参加者が自己研鑽のために自主的に参加しやすいように、参加者の本業のレセプト業務（健康保険の保険者に診療報酬を請求する業務）が比較的少ない週、時間帯は平日の勤務終了後の2時間（18時30分～20時30分）で1事例を目安としている。PCAGIPの実施方法は、村山・中田（2012）の手法に従っており、これは基本的な手順を一定にすることによって、今後、PCAGIP法の研究の発展に寄与するであろうし、PCAGIP法のファシリテーターを目指す人の共通言語として重要であると考えているからである。

次に筆者が医療・福祉領域の専門職を対象に実施しているPCAGIP法の流れを紹介する。（　）内の時間はおおよその目安である。

①簡単な説明（15分）：PCAGIP法の紹介、実施法の説明

医療福祉従事者は従来の解決策を導き出すことに焦点を当てた事例検討会に慣れ親しんでいるため、話題提供者への助言や提案を含んだ質問が多い。専門職全般にいえることであるが、自身の専門的な観点から患者や利用者を

第 2 部　PCAGIP 法の領域別実践

図 8-1　事例検討会のチラシ

アセスメントする傾向があり（決して悪いことではない）、その結果、人間（生活者）として患者や利用者と接することを忘れてしまいがちになる。したがって、最初の説明の段階で、話題提供者の状況を理解するための質問が重要であることを強調している。具体的には、少し直接的な説明方法ではあるが、「あなたが話題提供者と一緒に悩むための質問をしましょう」と伝えている。

②導入（15分）：アイスブレイク

　はじめて参加する方は緊張していることがあるため、全員参加で簡単なアイスブレイク（例：自分の好きな食べ物、今日の出来事の中で嬉しかったことなど）

を必ず実施している。できるだけ参加者の気持ちをほぐし、笑顔がでるぐらいの安心した雰囲気を作り出すことが目的である。
③話題提供者および記録者の決定（5分～10分）
　事前に事例の依頼をする方法もあるが、筆者はその場で自主的に話題提供者を募っている。その際に、「現在困っていること、人間関係で困っていること」を強調して伝えている。以前、過去には困っていたが解決済みの事例を提出した話題提供者がおり、話題提供者の困り感が参加者に伝わらなかった経験を有しているからである。記録者については、2名の希望者をその場で募り、自主的な参加を促している。
④第1ラウンド（50分）
　話題提供者が「現在困っていること、どうしたいのか」を簡単に述べる。参加者は話題提供者に対して順番に状況を理解するための質問をし（2～3巡）、記録者がホワイトボードに記録する。ファシリテーターはホワイトボードの状況を整理しながら参加者に伝える。
⑤第2ラウンド（20分）
　ファシリテーターはホワイトボードを見ながら情報を整理し、自由な雰囲気になることを心掛け、参加者からはさらに深い質問がでたり、話題提供者は新たな気づきが促進されることもある。
⑥クロージング（20分）
　参加者に事例検討会の感想を自由に述べる機会を与え、最後に話題提供者は体験プロセスの感想を述べる。

## 2．固有の意義

### (1) PCAGIP法の位置付け

　事例検討、研修や会議（ミーティング）の方法は、その目的によっていくつかのタイプに分類される。例えば、報告事項が多い場合には「報告型ミーティング」、アイデアを出し合う場合には「ブレインストーミング型ミーティング」、審議事項が中心の場合には「オープンディスカッション型ミー

ティング」、反省会には「分析型ミーティング」などがある。それぞれのミーティングには特徴があり、問題なく運用された場合には効果的な時間になるだろう。すなわち、従来のミーティングの方法は、話題提供者が自分の課題を心底から解決したい場合や、「自分はまだ未熟だから、経験のある人の意見を取り入れて問題を解決したい」と自覚している場合には有用だと考えられる。一方で、臨床経験の長い人や自己主張の強い人の助言が話題提供者に心理的負担を感じさせたり、不満を抱かせることもある。さらに、お互いの意見が対立した場合には、議題を保留したり、妥協案を探ったり、別途話し合いの機会を持つなどの対応が求められる。

これに対して、PCAGIP法（図8-2）では、安心した場所（環境）で困り事を自己開示することができ、参加者からのあたたかい質問に応えることで気づきが促され、問題解決のヒントや方向性などを見出すことができる。さらに、他の事例検討法と大きく異なる点は、話題提供者だけでなく参加者全員が、主体的に思考したり、責任感が上昇したり、自他に対する攻撃性が減少することであると考えている。

#### （2）参加者が得られるもの

筆者が実施している事例検討会の参加者は、同一地域で勤務していることが多く、地域の特徴をよく理解しているという共通性があり、事例の理解が比較的短時間で深まりやすい。さらに、参加者は医療・福祉の様々な職種の専門家であるという特有性があり、職種固有（たとえば、看護師は服薬について、リハビリ職は身体機能について）の多様で深い内容の質問がでやすく、話題提供者は問題解決のヒントを得やすいと考えられる。PCAGIP法は、専門職間の垣根を超えた事例検討の手法であり、多様な視点を習得することができる。

筆者はファシリテーターとして話題提供者の真横にいることが多く、PCAGIP法が終盤になると、話題提供者の表情が穏やかになり、発言も積極的になることをしばしば経験している。

第 8 章 《地域医療・福祉》地域の医療・福祉専門職を対象にした PCAGIP 法

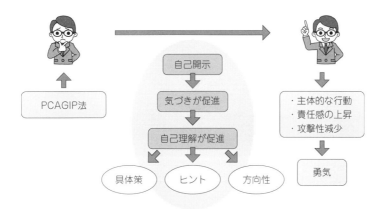

図 8 - 2　PCAGIP 法の適用による心のメカニズム

## （3）医療・福祉領域でPCAGIP法を実践する意味

　医療・福祉領域では、それぞれの専門性のベースにはコミュニケーション能力が求められている。資格取得の養成校のカリキュラムの中に、「コミュニケーション論」「人間関係論」「人間学」などの科目を設定し、傾聴力の重要性、信頼関係の構築の仕方などを学習させている。しかしながら、現場で活動する医療福祉従事者は、知識としてその重要性を理解してはいるが、患者や利用者に対して十分に実践できているとは言い難い。

　近年、コミュニケーションのテクニックのみを伝授するセミナーなどが多いように感じている。もちろん、テクニックも有効ではあるが、すべての対象者に適用することは難しい。PCAGIP法はC. R. RogersのPCA（パーソン・センタード・アプローチ）の考え方を援用したものであり、筆者は医療・福祉従事者にも患者や利用者に対する心理的な心構えとして活用して欲しいという願いがある。さらに、患者や利用者に対する心構えだけではなく、自己理解の場、人間理解の場としてもPCAGIP法を活用できるのではないかと考えている。事例検討会を開始する前に、3条件（共感的理解、無条件の肯定的関心、自己一致）を必ず説明しており、これはPCAGIP法は単なる事例検討会ではないことを参加者に伝えたいからである。

# 第9章

《福祉》
## 児童養護施設におけるPCAGIP法

井出智博

## 1. 実践の方法

### （1）児童養護施設とは

　児童養護施設（以下、施設）とは様々な理由により家庭で生活することが困難な状況にある子どもにとっての家庭に代わる生活の場であるが、そこで暮らす子どもの多くが児童虐待や家族機能上の問題など子ども時代の逆境（Adverse Childhood Experience）を経験している。その影響を受け、彼らは社会性や攻撃性など行動や情緒に関する困難さを抱えており、彼らの暮らしや育ちを支える保育士や児童指導員といったケアワーカー（以下、CW）は試行錯誤しながら支援にあたっている。しかしそれは容易なことではないため、CWを中心に様々な専門職がチームとして支援にあたること（以下、チームアプローチ）が重視されている（増沢・青木、2012）。

　この時、対応困難場面への対応を検討したり、よりよい支援の在り方を検討したりするために、多くの施設では定期的に事例検討会が開かれている。筆者は児童養護施設や乳児院などいくつかの施設でそうした事例検討会にスーパーバイザーとして参加させていただいてきた。その中で施設からの要望を受けてPCAGIPを取り入れた事例検討会を開催し、ファシリテーターを務める機会もいただいてきた。本章ではある児童養護施設（以下、A施設）

におけるPCAGIPを取り入れた事例検討会を例として報告し、福祉の現場におけるPCAGIPの有用性について整理したい。

## （2）チームアプローチを支えるPCAGIP法の実践

　近年、施設では養育単位の小規模化といって、集団での暮らしからより家庭的な環境で少人数での暮らしへの移行が進められている。具体的には、以前は食堂や風呂、トイレなどを共有し、複数のCWが交代で子ども集団の養育にあたっていたのに対して、一般的な家やマンションの一室のような生活環境を整備し、数名の子どもを特定のCWが養育する体制に移行しつつある。

　A施設でもこのような生活環境や職員体制の変化の中で、チームワークや新たな支援のあり方を構築することが大きな課題となっていたが、チームアプローチを進める際に柱ともなる事例検討会は十分に機能しない状況に陥っていた。そこでPCAGIPを取り入れた事例検討会を試行的に導入することになった。A施設ではPCAGIPの実践に先立ち、グラウンドルールの確認、これまでの事例検討会の問題点の洗い出しを行い、チームビルディングなどのグループワークと合わせて実施した。ここでは基本的な設定と、ある回のPCAGIPの様子を報告する。

①A施設の概要と実践の背景

　A施設は地方都市にある定員約40名の児童養護施設で3歳から大学、専門学校に通うくらいまでの子どもたちが暮らしている。CWの他、心理職やファミリーソーシャルワーカーなど15名ほどの職員が子どものケアに当たっており、10年以上の経験がある数名の職員以外は経験年数が5年未満の若い職員で構成されている。養育単位は大きく男子グループ、女子グループ、幼児グループの3つのグループに分かれていたが、筆者がかかわり始めた頃には地域小規模といって、施設から離れた場所にある一戸建ての家で6名程度の子どもを家庭的な環境で養育する取り組みも始めていた。それまで職員の全員出勤日に合わせて事例検討会の時間が設定されていた時期もあったが、

職員が多忙であることもあり開催が不定期になっていた。

　管轄の児童相談所の提案により事例検討会を定期的に実施することになったことを受けて、筆者はスーパーバイザーという立ち位置でかかわらせていただくことになった。この時、筆者としては過去に開催されていた事例検討会が開催されなくなってきた経緯を理解したうえでお手伝いをさせていただきたいということを提案し、A施設内での事例検討会のこれまでの課題、問題点について管理職等と話し合う機会をいただいた。その中で後述するように他の児童養護施設にも共通するような事例検討会に関連する課題の存在が明らかになったために、PCAGIPによる事例検討を提案し、導入としてのチームビルディングなどのグループワークと合わせて実施するに至った。

②A施設におけるPCAGIP法の実際

　事前に職員全員が集まる場で村山・中田（2012）から「PCAGIPとは何か」「PCAGIPの基本姿勢」「実施手順」を抜粋、整理した資料を基に説明したうえで、PCAGIPに取り組むことになった。

　地域小規模施設を担当する保育士Bが話題提供者になり、Bが担当する小学校1年生の女の子Cへの対応を取り上げることになった。BがCについてPCAGIPでの報告を希望したのはCの"わがまま"への対応に苦慮してのことだった。Cは思い通りにならないことがあると癇癪を起し、時にはBに物を投げつけることもある。Bが一日の勤務を終えて退勤しようとすると見計らったかのようにやってきて、Bにいろいろな要求をする。Bは、最初は帰らなければならないと説明するが、Cの癇癪が高まるので、渋々その要望に応えるということが繰り返されている。A施設に勤め始めて2年目のBにとってCは初めての担当児でもあり、何とかCに懐いてほしいと思い話題提供することにしたということが冒頭に紹介された。

　最初にCのこれまでの生い立ちや普段の生活の様子についての質問がBに投げかけられた。BからはCが母子家庭でネグレクト状態で暮らしてきたことや、4歳頃に保護されA施設での暮らしをスタートさせたことなどが説明された。普段の生活についての質問には、Bではなく同じ地域小規模で働く

別の職員がBがいない日の様子を説明する場面も見られた。それによるとCはBがいないときは比較的手がかからない子で"わがまま"を言うことはあまりないという。そうした様子についてBは「やっぱり自分の関わりがよくないんだと思う」と発言する場面もあった。しかし、質問が回るにしたがって次第にCがこれまでの育ちの中で誰かに"わがまま"を言う機会がほとんどなかったこと、そして今の暮らしの中でも癇癪を起こすほど"わがまま"を表現しているのはBに対してだけであることが見えてきた。そして最後に参加者からBに対してコメントをする場面では同じグループの職員から「CがもっとBに甘えられるようにするためには、Bにとって私たちが頼れる存在でいなければいけない。そういう存在になりたいのでBも私たちを頼ってほしい」というようなコメントも伝えられた。

　PCAGIP終了後、Bは「先輩たちと同じようにちゃんとできるように頑張ろうとしてきたけど、私がちゃんと周りに頼らないとCが私を頼れなくなってしまうと思った。Cにもっと安心して頼ってもらえるようにするためにも、私も周りを頼りたいと思った」と感想を述べた。

③参加者の感想

　A施設での実践において、事前・事後に参加者への細かな聞き取りは実施しなかったが、筆者ら（大内・福永・井出、2013）はA施設とは別の施設においてチームアプローチの機能を高めるために事例検討会にPCAGIPを取り入れたトレーニング・プログラムを実施し、その効果について検証した。

　その中でPCAGIPを取り入れたプログラムの実施前後に事例検討会に関する意見を聞いたところ、実施前には「事例検討会は面白くない」「やってよかったと思える事例検討会を経験したい」「日常に戻った時に役立つことが得られる時間にしたい」「周りとは違う自分の意見を表現することに抵抗がある」「自分の発言で流れを壊さないかが心配」といった内容がみられた。一方、実施後には「相談を受けた時に『職員の心地よさ』を意識して話を返すようにしている」「話題提供者に感謝するようになった」「参加意識が高まった」「（事例検討会の）イメージが、ケース自体の整理（支援の見直し）と

いう捉え方であったが、ケース担当者への支援を中心にという考え方に変わった」というような記述がみられた。こうしたことはA施設における実践にも通じるところがあるだろう。

## 2. 固有の意義

### (1) 施設内事例検討会の課題

　施設で行われる事例検討会には、施設職員のみで行われるものと、大学教員や医師など外部専門家を招聘して行われるものとがある。施設職員のみで行われる事例検討会では特定の職員だけが発言し、経験が浅い職員が発言できなかったり、話題提供者が批判されたと感じたり、あるいはそれを未然に防ぐために防衛した話題提供資料を作成することに疲弊してしまったりすることが起きる。一方、外部専門家を招聘した事例検討会では施設職員とは異なる視点や豊富な知識から対応困難場面や子どもの支援に関するアイデアが提供される。しかし、提供されるアイデアが施設現場の現実とかい離したものになってしまったり、専門家がいない日常ではアイデアが創出できなくなってしまったりすることもある。

　チームアプローチが求められる施設では、支援に向けたアイデアや職員同士の支え合う関係が創出されるPCAGIPによる事例検討は大きな意味を持つ。

### (2) PCAGIP法が施設にもたらすもの

　PCAGIPの基本姿勢として、参加者とファシリテーターによって共創されるグループ体験（村山・中田、2012）であると述べられているように、話題提供者であるか否かを問わず、そこに参加するすべての人が話題提供者に役立つ時間を創出していく責任を負うという当事者意識を生み出す。施設における実践においても筆者はファシリテーターとしてこの点を意識して参加者に伝えてきた。参加者の感想にもみられるように施設における実践でもこの点は参加者に意識されたことがうかがえる。とくに話題提供者は、事前に大量

の資料を作成する時間的な負担から解放され、自分の困りごとを表現することができるようになる。また話題提供者に限らず、経験が浅い職員も自分なりの視点から質問をしたり、アイデアを表明したりすることができる。

　施設の中では日々生じる対応に迷う場面や出来事について、その場に居合わせた職員で相談するような非公式の事例検討会が頻繁に行われる。PCAGIPの実践が施設の中で重ねられていくことは公的な事例検討会だけでなく、こうした日常的な非公式の事例検討会、あるいは職員間の関係性の中に浸透、汎化していくことになる。すなわちPCAGIPのグラウンドルールは施設文化の中に組み込まれ、チームアプローチの基盤となっていく。また、筆者らが行った施設におけるPCAGIPを取り入れた事例検討会に関する効果研究（大内他、2013）では、バーンアウトの指標である情緒的消耗感や脱人格化を抑制することが明らかになっているように、PCAGIPによってCWが支え合うような施設風土が生み出されることは、施設職員が生き生きと子どもとかかわることを支える資源となる可能性がある。

　このように、対応困難場面への対処スキルを検討することを目的としたPigors & Pigors（1980）によるインシデント・プロセス法と異なり、話題提供者をエンパワーする相互作用を生み出すことに重きを置くという特徴を持つPCAGIPは機能的な事例検討会の時間を施設の中にもたらし、さらにそれが日常化することによって施設に新たな風土、文化を生み出すことができる実践である。

# 第10章

《矯正》
## 少年鑑別所におけるPCAGIP法

田中かおり

## 1．少年鑑別所における事例検討会

　少年鑑別所は、一般にはなじみのない法務省所管の矯正施設である。そこで、はじめに施設の概要を説明する。少年鑑別所には、①鑑別対象者の鑑別、②観護処遇、③非行及び犯罪の防止に関する援助を行うという3つの目的がある。①鑑別は、面接や心理検査、行動観察を通して、資質上の特徴、非行に至った原因等を明らかにし、今後の処遇上の指針を示す（アセスメントを行う）ことである。②観護処遇は、鑑別を除く、在所者への取扱いのすべてを指し、生活全般を見守り、心情の安定を図る。③地域援助は、少年鑑別所が有する非行・犯罪等に関する専門的な知見を活用し、地域における非行・犯罪防止や健全育成に関する活動を支援する取組である。地域援助の活動を行う際は、「法務少年支援センター」の名称を用い、対象年齢に制限なく、相談業務、講演・研修の講師、事例検討会への参加等、幅広い依頼に応じている（田中、2020）。いずれも、法務教官と心理職である法務技官が協力して行っている。

　このように少年鑑別所にはいくつかの業務があるが、そこで行われる代表的な事例検討会は、鑑別対象者についての「判定会議」である。これは、鑑別というプロセスにおいて得た様々な資料や情報を総合的に判断した結果と

して鑑別判定を導き出す会議であり、鑑別判定は、少年鑑別所から家庭裁判所に提出する鑑別結果通知書の中核をなす（犬塚、2011）。そこでは、法務技官、法務教官に加え、必要な場合は医師による診察により得られた情報を精査し、判定の信頼性や妥当性を高めることが求められる。つまり、判定会議は、多職種の専門家があらゆる情報を検討して、鑑別判定という結論を出すことを目的とした事例検討会と言える。

　判定会議では、その特徴により、勤務経験が浅い若手職員に対して、上司は指導者としての役割を果たす側面があり、そうした関係性の中で、部下である若手職員は率直な意見を述べることをためらい、自由なやり取りに発展しにくいことがある。もちろん、若手職員の多くは学びを得ているものの、中には自身の不出来やふがいなさを感じることもあるかもしれない。こうした若手職員の成長を促し、自信を高める場を設けることが課題と言える。

　そこで、筆者が勤務する東京少年鑑別所（以下、当所という。）では、並木・小野（2016）が、心理臨床の理論と実践力を身に付ける研究方法として、また、心理臨床家の養成訓練として取り上げているPCAGIP法による事例検討会（以下、PCAGIP法という。）に着目し、トリートメントについて時間を掛けて取り組むことができる地域援助事例においてPCAGIP法を行うようになった。

## 2．少年鑑別所におけるPCAGIP法

### （1）実践の方法

　PCAGIP法を始めた当初は、1か月に1回程度開催していたが、コロナ禍による中止期間を経て、現在は数か月に1回程度開催している。法務教官は勤務形態により時間の確保が難しく、参加者の大半は法務技官である。10人弱で、約1時間に時間を短縮し、ファシリテーターと記録係は1名ずつとする簡易な方法を採ることが多い。

### (2) 固有の意義

　当所においては、過去3年間にPCAGIP法に参加したことのある職員19名（法務技官17名、法務教官2名）に対し、質問紙調査を実施し、効果検証を行った（坂井ら、2019）。その結果、全体的な感想では、6つのカテゴリー：「気軽・気楽」、「安心感」、「自由」、「励まされる」、「発想」、「物足りない」が抽出された。このことから、職員は一定程度の効果を実感していることが明らかになった。

　参加者の感想をまとめると、グランドルールとして話題提供者を批判しないことが設定され、話題提供者が事前資料を準備する必要がないことなどから、話題提供者の負担が小さい上、経験の差による力関係が生じにくいこと等の安全感を得ていた。また、結論よりも、話題提供者がヒントを得ることを目的とすることもあって、若手職員が遠慮せずに率直な意見を述べやすい。このことは、参加者が事例の内容や助言を聞くだけの受け身の姿勢に終始することなく、同じチームの一員として積極的に取り組みやすいことを示している。

　一方で、方向性を見いだすに至らないまま終わったことや、結論が出ないことに物足りなさを感じる者がいた。これは、時間を短縮して実施していることのほか、日頃の鑑別業務において精密なアセスメントを求められることや、それに伴って周りから助言を与えられることと比較した結果と考えられる。この課題を解決するためには、方向性を見いだすまで続けられるだけの時間の確保や、なぜPCAGIP法を実施するのかという目的意識を事前に十分に共有しておくことが必要であると考えられた。

## 3．さらなる発展のための試み

### （1）職員育成のためのPCAGIP法

　時を経て、コロナ禍が明けたこともあり、坂井ら（2019）の結果を踏まえ、さまざまな立場にある職員の成長につながるよう、基本に立ち返ってPCAGIP法を実施した。その際には、「事例が主役ではなく、話題提供者が

主役」、「結論よりヒント」、「心理的安全なグループ体験」等の視点を強調した事前のオリエンテーションも含め、90分余りの時間を確保し、記録係を2名にした。

　そして、実施後、坂井ら（2019）と同様の質問紙調査を実施したところ、参加者からは、以前、全体的な感想として抽出された6つのカテゴリーのうち、「物足りない」を除く5つのカテゴリーに属する回答が得られた。加えて、前回にはなかった感想として、「自身がいかにケースを中心に考える癖がついているかを実感した。」、「話題提供者の話す内容だけでなく、話しぶりからもケース理解のヒントを得た。」等があった。話題提供者からは、「参加者に頷きながら聞いてもらえる。」、「一人ではない、何とかなりそう。」とエンパワーメントされた感覚や、「次の面接が楽しみになった。」との感想が語られた。こうした前向きな気持ちは、実施している最中から参加者にも伝わっており、グループ内での好循環が生じていることがうかがえた。

（2）課　題

　課題としては、「PCAGIP法の理念を正しく理解しているファシリテーターの存在が必須である。」、「自由度が高い分、ファシリテーターの技量によってその場の雰囲気が左右される。」と、ファシリテーターに関する内容が挙げられ、ファシリテーターの力量以上にグループに参加した者1人ひとりによってもたらされる効果・効用が大きいことへの自覚に乏しいことがうかがえた。

　一方、今回のPCAGIP法において、10名余りの法務技官に交じって、ただ一人参加していた法務教官からは、事前のオリエンテーションで「難しい専門用語を使う必要はない。」、「素朴な質問こそ役に立つ。」と説明を受けたことでリラックスして参加できたこと、メモを取らず、ホワイトボードと参加者に目線が向くことでグループによる協働作業のライブ感が楽しかったこと等、法務技官とは異なる感想が挙げられていた。多職種の専門家が集い、ファシリテーターに任せるのではなく、グループ参加者皆で創り上げていくプロセスを互いに意識しながらやり取りを進めていくことが、より豊かなグ

ループ体験を生み出す鍵と言える。

## （3）新たな試み

　ここまで、筆者が勤務する比較的大規模な少年鑑別所での実施例について述べてきたが、全国に所在する少年鑑別所の多くは小規模で、職員数が少なく、このようなPCAGIP法の開催は難しい。そこで、少年鑑別所等の施設を指導・監督する上級官庁が試みたPCAGIP法について紹介する。これは、職員の育成に携わる者を対象にした研修等の場で開催されたものであり、話題提供者は自身がスーパーバイザーとして行ったスーパービジョンに関する事例を提供した。参加者は、すでにスーパーバイザーとして指導に当たっている者、今後、その可能性がある者等、同じ心理職でも勤務経験に幅があり、立場も異なっており、筆者としては、緊張感が高いだろうと想定していたが、話題提供者からは、「安心できる雰囲気の中で周囲に助けてもらいながら、自分の中で理解を進める自分主導の感覚を得た。」と想定外の感想が聞かれた。そこで、この話題提供者がPCAGIP法において体感した過程を追っていくことにする。

　話題提供者は、「質問に一つ一つ答えていくうちに、自分の中で点が線になっていくような感覚があった。」、「自分の語ることが否定されず、周囲が頷き、熱心に聞いてくれると、自分が肯定されたような気がした。」、「普段は隠したくなるような情けない部分も、すらっと話せるような感覚があった。」、「自分の困りごとを中心に扱ってもらうことで、被援助者の気持ちも分かったような気がした。」、「（ケース理解が）前に進み、かつ、スッキリした感覚があった。」、「自己理解という点でも前進した。」、「自分に生じる気持ちはそのままでいいのかもしれないと思うようになった。」、「自分の力量不足や偏りに率直にかかわっていくことが、自分がこれから目指すスタンスになるかもしれない。」と、自身の中で生じた様々な「感覚」を述べている。この体験過程は何だったのであろうか。これは、まさに、村山（2012）が示すPCAGIP法の定義でもある「安全な雰囲気の中で、その相互作用を通じて参加者の力を最大限に引き出し、参加者の知恵と経験から、事例提供者に

役立つ新しい取り組みの方向や具体策のヒントを見いだしていくプロセスを共にするグループ体験」であろう。加えて、話題提供者は、自己理解とこれから目指す先をも手にしつつあるように感じる。これがPCAGIP法が自信につながるゆえんである。話題提供者は、「安心できる雰囲気の中で周囲に助けてもらい」はしても、具体的に方策を教えられたり、助言を与えられたりしたわけではない。参加者からの質問に一つ一つ答えていく中で、自らヒントを得て、何かをつかみ取った感覚が生まれるのである。以上のような体験からは、スーパーバイザーの役割を担うほどの勤務経験を積んだ者であっても、PCAGIP法を通して成長が促されることが示されたと言えよう。今後も、日頃、各地で勤務する職員が一堂に会する研修等の好機を生かし、PCAGIP法を実施することで、さらなる発展につながることが期待される。

　最後に、PCAGIP法の実施にあたっては、参加者の守秘義務を徹底しているが、本稿で取り上げた回答は、終了後に改めて感想を求めたものであり、守秘義務に抵触するものではない。PCAGIP法における自身の体験を率直に語り、本稿に回答内容を掲載することを快諾してくださった皆様、微力な筆者に貴重な機会を与えてくださった皆様に感謝申し上げる。

# 第11章

《内閣府・こども家庭庁》
## 政府機関主催の援助職研修

並木崇浩・小野真由子・石田陽彦

## 1．内閣府・こども家庭庁主催のPCAGIP法研修の経緯

　内閣府は、ハイリスクな子どもや若者を支援する対人援助職を対象とした研修を毎年開催している。筆者の1人（石田）が講師依頼を受け、当初は知識供与的な研修を実施したが、研修会内で学ぶ知識量が多いが故に、参加者はいきいきと学ぶことや、これまでの経験から脱することが難しいようであった。そこで、研修を活性化するために多職種連携を目的としたPCAGIP法の実践を内閣府に提案し、他の著者ら（小野・並木）と共に実施するようになった。簡単な資料から始めるPCAGIP法に疑心暗鬼であった内閣府担当者も、研修後には「こんなにも参加者の活気で場が盛り上がる研修になったのははじめてです」と述べていた。内閣府は対人援助職向けに複数の研修を主催しており、瞬く間に他の研修でもPCAGIP法の研修依頼が来るようになった。2023年度より内閣府主催の研修はこども家庭庁に引き継がれ、PCAGIP法の研修は現在まで取り入れられている。今回は例年担当している「相談業務上級研修」での実践を紹介し、固有の意義を述べた上で最後に政府機関が主催する研修においてPCAGIP法を実践する社会的意義について検討する。

## （1）相談業務上級研修の概要

　全国で相談業務に携わる現場職員（概ね実務経験5年以上の者）および地域においてスーパーバイズや管理職の役割を担う立場にある職員の資質の向上と、支援に携わる関係機関との連携の強化を図ることを目的に開催している。対象は、全国の支援機関（官民問わず）等において、子ども・若者の相談業務にあたる現場職員である。例年80名程度参加し、参加費、交通費、宿泊費は無料である。

## （2）PCAGIP法の実践方法と工夫

　PCAGIP法の講義と実践は、数日間連続で行われる研修のうちの1講座であり、単発でのPCAGIP法実践となる。具体的な研修の流れは、前半の2時間半は伴走型支援の在り方とPCAGIP法の理論や実践方法についての講義を行い、後半2時間はPCAGIP法の実践を行う。実践は金魚鉢はおらず金魚メンバーのみで、ファシリテーターと話題提供者を含め1グループ6～12名程度に分けて実施している。また、参加者全員に事前に自身の担当する事例概要を提出してもらい、話題提供の希望の有無を確認している。本研修で工夫している点は4つある。1つ目は、講義の時間を十分に確保し、PCAの人間観を理解してもらった上で方法論を説明し実践に移るようにしていることである。2つ目はメンバー構成である。本研修の参加者は全国の福祉機関、NPO法人、警察署など、多様な地域、領域、職種の人が集まっているため、多様な参加者でグループを構成している。3つ目は、ファシリテーターを若手から中堅のPCAGIP法経験者で構成していることである。現場に戻ってPCAGIP法を導入してもらうことも狙いであるため、参加者らがファシリテーターを担当することのハードルを上げすぎないよう、ベテランではなく若手から中堅者で構成するようにしている。4つ目は、自分たちの力で一緒に作りあげる雰囲気作りのため、講義から実践に移る際の会場準備を、運営スタッフではなくファシリテーターと参加者で協力して行うことや、当日参加者の中から話題提供者と記録者を決定していることである。大きな一つの会場で全グループが同時に進行していくため、PCAGIP法が始ま

ると会場内は活気に包まれる。

## 2．固有の意義

### （1）パーソン・センタード「な」事例検討法

　本項では本研修の特徴である、参加者のオリエンテーションの幅広さという点から、PCAGIP法のパーソン・センタード性（Person-Centeredness）について論じる。本研修の参加者は、実践領域だけでなくオリエンテーションも様々である。折衷的な立場やPCA以外の学派を軸に臨床をしている人、心理士ではない対人援助職も数多くいる。この様に異なる背景を持った人同士でも、PCAGIP法では立脚する理論や技法の違いによる意見の対立が生じることはほとんどない。むしろ、驚くほど温かでサポーティブな場が生まれている。その要因の1つとして、PCAGIP法は一貫してPCAの理論に基づいているが、PCAの「ための」ではなく、PCA「な」方法だからだと考える。つまり、PCAという理論に沿ってケースを理解する、PCAをそのケースでどう実践するか検討することを目指していない。目指すのは、事例検討の場がパーソン・センタードであること、話題提供者がメンバーと共に、新たな気づきや方向性、自身が納得できそうと感じられる援助法を見つけていくプロセスを体験することである（村山，2012、中田，2012）。つまり、話題提供者の出したケースがどの領域であるか、どのオリエンテーションに沿っているかはPCAGIP法では重要ではないのだ。

　白井（2022）は、心理臨床でのトレーニングを、ある理論やオリエンテーションに沿った「正しい臨床」を学ぶセオリー・センタード・トレーニングと、「私の臨床」を作り上げるセラピスト・センタード・トレーニングの2つに分けている。この分類から考えると、PCAGIP法は話題提供者が自身の臨床を振り返り、また作り上げる点で、セラピスト・センタードな方法だといえる。メンバーも「正しい臨床」ではなく、「話題提供者その人の臨床」を理解しようと臨んでいるため、ある技法が正しく実践できているか、クライエントへの理解は正しいのかという議論にはなりにくい。むしろ、メン

## 第11章 《内閣府・こども家庭庁》政府機関主催の援助職研修

バーは話題提供者がケースの中で何を体験しているのかを尊重し、理解しようと努力する、そして自分はその視点から質問できているかが問われている。これは共感的理解ともいえるが、その問いの拠り所となるのは理論ではなく目の前の話題提供者であり、己自身である。理論ではなく話題提供者本人の視点から理解する、という理論。このPCAの妙ともいえるパラドックスが、多様な背景や立場の人たちが一つになって話題提供者を支えるという「ばらばらで一緒」（村山、2014、13頁）の場の根底にあるといえるだろう。

### （2）研修運営の立場から見るPCAGIP法
#### ①省庁職員へのインタビュー

　本稿執筆にあたりあらためて本研修の意義を考える中で、研修中にPCAGIP法を直接的には体験していない人の意見も貴重な声だと気づき、運営に携わった省庁職員に話を伺った。非専門家、そして運営者の立場から、PCAGIP法はどう見えているのか。以降、省庁職員1名を対象に行ったインタビューを、なるべく生の語りを残しつつ要約し、それをもとに考察を行う。

<u>研修にPCAGIP法を採用する理由は？　どこに魅力を感じていますか？</u>
　PCAGIP法のベースの部分、批判しない、一緒に考えながらその事例を理解していく姿勢が、相談支援に携わる人に必要なのかなと思っています。人が相談する時って、答えが欲しいというよりも、自分の思考が整理できていなくて悩んでいると思うんですよね。PCAGIP法は、話題提供者が自身の思考の整理ができる。相談者さんとの関係を捉え直したり、違う角度から見ることで俯瞰できたり、別の視点で捉えることができる。その人を変えるのではなく、その人自身に気付かせたり、わからないところを整理したりするところから、PCAGIP法自体が普段の相談の場面に似てるなって見ていて思いました。

## PCAGIP法の研修を見てきて印象的だったことは？

　話題提供者をされた方が必ずと言っていいほど、「ちょっとドキドキしたけど（話題提供者を）やってよかった」と言ってくださること。研修ではじめて会った人たちにもかかわらず、話題提供者が元気になって、エンパワメントされて事例検討を終われているのがすごい。それはやっぱりファシリテーターが場を整えているからですが、それにしてもすごいと思っています。

## 他の形式の事例検討法とPCAGIP法とを比較して思うことはありますか？

　従来の事例検討会では、発表者が資料を用意するなど、準備にかける労力が大きい。でも実際にその場で返ってくるものが少なかったりして、コストパフォーマンスが悪いのかなと思います。また、PCAGIP法がいいなと思うのは、参加している人全員をその場の主人公にできること。意見でも感想でも、全員が発言できる機会があり、全員を本当に参加させることができる。ここがもしかしたら他の事例検討法とは違うんじゃないかなと感じています。

## 運営として、個人としてPCAGIP法に関する思いや考えはありますか？

　（運営として）本研修は、組織の中心的役割や関係機関を取りまとめる現場の中堅者を対象にしています。そのため、研修で学んだことを現場に持ち帰って実践してもらえたらと思っていました。ただ、一度体験しただけでは持ち帰ってすぐに自分がファシリテーターをするのは難しそうだなと感じています。（実現できなかったけれど）本研修をファシリテーターについても学べるようにできたらという思いはありました。

　（個人として）教師にもっとPCAGIP法を知ってほしいなと思っています。最初にPCAGIP法を見た時、学校でもやれたらいいなと思いました（インタビューイーの前職は小学校教諭）。どうしても学校現場は指導的な発想、意見が多いです。でもPCAGIP法での体験を通して、人の話の聞き方が変わる、人とのかかわり方が変わっていくと思います。そうすると、生徒指導とか子どもとのかかわり、そして学校現場自体の雰囲気が変わっていくと思う。

②若干の考察

　インタビュイーの参加者やPCAGIP法への印象、例えば「参加者全員をその場の主人公にできる」、話題提供者へのかかわり方が相談支援に似ているといった指摘は、村山（2012）や中田（2012）の主張と非常に近い。メンバー同士のかかわり方が困っている人の手助けになることが、体験していなくても肌で感じられているのだろう。ここから、PCAGIP法を通して生じる話題提供者やメンバーの変化、気づきが観察者に知覚されると観察者自身にも気づきが生じ得る、そして、グループ内から観察者、さらには組織の風土にも変化が波及していく、という仮説が考えられる。

　最後に政府機関においてPCAGIP法の研修を行うことの社会的意義を普及の観点から検討する。対人援助の領域では、限られた資源の中で運営する必要があり、とくに事例検討会は必要性を感じていても実施できていない組織が多い。そのような状況下で、本研修は国の事業の一環なので参加費は無料であり、組織の経済状況にかかわらず必要とする人にPCAGIP法を届けることができる。また参加するのは管理職であるため、組織内で権限を持つ人がPCAGIP法を体験することで、組織に導入してもらいやすいというメリットもある。PCAGIP法が普及することで援助を検討していく方法にも選択肢が増え、結果的に援助を求めている人によりよい支援を届けていくことにもつながることや、PCAGIP法を通じて、対人援助職が互いにサポートし合う風土作りに貢献することもできる。またPCAにとっても、対人援助職にPCAの良さを知ってもらう機会になる。1回の研修でPCAGIP法のような事例検討を必要としている人に届く確率も上がり、社会的インパクトが大きいことが、政府機関においてPCAGIP法の研修を行うことの社会的意義であると考える。

第2部 PCAGIP法の領域別実践

# 第12章

《マイノリティ支援》
## 在日コリアン女性や女性相談を受けている相談員へのPCAGIP法

姜　潤華

　PCAGIP法といえば、筆者にとっては安心感、心地よさ、楽しさ、皆で考えたり、心を寄せたりする感じである。村山正治先生がファシリテーターのPCAGIP法を15年程体験し、しだいに筆者と同じような境遇にいる仲間にも体験して欲しいと思うようになった。本章では3つの取り組みを紹介し、そこからマイノリティ支援としてのPCAGIP法の意義について考察する。

## 1．朝鮮学校の保護者（母親）と教員とのPCAGIP法実践（対面）[1]

　朝鮮学校の保護者である筆者が子の送迎時に、児童生徒数の減少と今後の取り組みについて悩んでいる教員と立ち話をしたことを機に、オモニ（母親）会の役員メンバーと学校と協議し実現した。
○参加者
・話題提供者：女性教員（1名　20代）
・参加者：8名（役員を中心に全体への案内を見て集まった方々）
・記録係：1名
・ファシリテーター：筆者1名
○実際と考察
　全員がよく知っている女性だけのグループであった。顔見知りゆえの緊張や気恥ずかしさがありながらも、冒頭にPCAGIP法の手順やその精神を丁

寧に伝えた。話題提供者が児童生徒数の減少とこれからの取り組みについて今の思いを話したのち、2ラウンドし、クロージングで一言ずつ話した。大学院で行う事例検討とは違い、皆が当事者であるので、一言では収まらないそれぞれの想いがあふれていた。感極まって涙が流れる場面もあったり、エネルギーの溢れる温かい空間で、話が途切れることがなかった。

　参加者の感想は、「否定や批判などない中でみんなで話せてよかった」、「子どもの年代（幼稚園・初級部・中級部）ごとの悩みごとや、ウリハッキョ（私たちの学校）の未来のことなど、個人の問題から一緒に考えることが、大きな問題を解いていく糸口に繋がるんだなぁと感じました」、「（みんなの気持ちを）わかっていたつもりでしたが直接聞くことでより伝わってきました」等であった。話題提供者からの感想には「1人じゃないんだと思いました。みんなが相手を思いやりながらも思っていることを言い合って、それに共感したり認め合える場が、保護者にも教員にも必要だったのだと実感しました」等とある。

　定期的にやってみたいとの声もあったが、それ以降は行われていない。この取り組みから数年たった今、コロナ禍の規制は緩和され、子どもたちも成長し、学校に在籍しているメンバーも変わっている。朝鮮学校を取り巻く環境は依然厳しいが、「言わなくてもわかる」という小さいコミュニティだからこそ、枠組みが有り、1人ひとりの思いを表現し尊重されるPCAGIP法を採用することで、保護者・教員間の共通の課題を考えることができ、なんとか明日からもやっていこうと皆が思えたように感じた貴重な体験であった。

## 2．女性相談を受けている相談員との実践（オンライン）[2]

　先述の1事例と、コロナ禍でのオンライングループの取り組み（姜、2023b）から、学会のワークショップを企画した。
○参加者
・ワークショップ参加者：9名（内1名は機械不調でうまく接続できず、内2名

は学会事務局)
・ファシリテーター：筆者1名
・チャット機能を利用した記録係：2名（大学院生）

○実際と考察

話題提供の事前申し出がなく、事務局の方が過去のご自分の支援の体験をお話しくださり、その話題を中心にPCAGIP法を実施した。

参加者の感想は次の通りである。①多角的な視点：少ない検討資料からも、いろんな角度に事例が厚みを持ち膨らんだ。②発表者の負担が少ない。③支援者が安心して支援される：支援者が相談を受ける中で、行き詰ったり、心身に影響を受けたりすることがある中、このような会で行ったことや感じたことを出して、振り返ったりシェアしてもらう機会の大切さ。④話題提供者の語りに集中できるよさ：手をあげるのでなく順番に質問をすること、記録をしないなどのルールは、聞く行為に集中でき、話した人にはちゃんと話を聞いてもらっていることが伝わる。

記録係の振り返りからは、①事前の練習や日頃の大学院生同士の信頼関係によりよいチームワークができたこと。②記録係も含めて女性のみで行われ、女性ならではの共感があったように感じたことが語られた。

なお、オンラインでのピカマップの作成として、これまでzoom会議システムのホワイトボードを利用するなどの試行錯誤をしてきたが、今回はチャット機能を利用した。参加者には、それぞれの支援現場でどのような事例検討が効果的かという共通の関心があり、PCAGIP法をもっと知りたいという声もあった。オンライン開催の良し悪し（参加者の居住地を超えて手軽に繋がれる、PC機器に慣れていない方の難しさや機械の不調など）もあらためて実感した。

小川（2023）らの調査によると、DVや性被害等の困難を抱える女性を支援する公的な専門職である婦人相談員は、約7割が公的資格を保有し、約9割が業務にやりがいを感じながら相談支援に取り組んでいるが、約8割は非正規雇用で不安定な立場に置かれている。筆者もこれまでに、そのような現場を見聞きし支援者の一助になればと考えている。

## 3．複合差別（民族差別・女性差別）状況に置かれている在日コリアン女性のための活動をしているグループを中心とした実践（オンライン）

　姜ら（2023）のオンライングループに参加したＡさんが属しているグループのメンバーらとPCAGIP法を取り入れたお話会を企画した。
〇参加者
・30～60代の在日コリアン女性：8名（Aさん含む、ML案内を見て参加）
・ファシリテーター兼チャット記録：1名（筆者）
〇実際と考察
　PCAGIP法の説明と開催趣旨を説明した後、簡単な自己紹介も含めて本日参加してみようと思った理由などを短く話して1巡した。事前に話題提供の申し込みが無かったので、その時集まった方々へ「なんでもいいので、ちょっと話してみようかなぁという気持ちが今ある人は？」と伺ったところ、お1人が手を挙げてくださりスタートした。
　話された内容から、在日コリアンならではのモヤモヤ（通称名か本名か、国籍、ジェンダー、住居や就職時の困難、家庭内のこと等）を、参加者皆が日々感じているということがわかった。60代の方が若いころ感じていた生きづらさが現在もなお数十年変わっていないのかと再認識する側面もあったが、同時に当事者の1人として、じんわりとした温かい感じ、「1人ではないんだなぁ。私は私のままでいいんだなぁ」と励まされるような感じもあった。参加者の参加動機は、①安心して話し合えるというPCAGIP法に関心を持ったこと、②在日コリアンであり女性であることの困難さの改善に向け活動をしている共通の認識がある人たちと、これまでの経験や日常を語り合う場があればということであった。
　次に、「自助グループ」などとの類似・相違については、①類似：秘密を守ることや無理に話さなくてもいいことを丁寧に伝えること。②相違：発言時間を制限して、全員に発言の機会（パスOK）を保障すること、ファシリテーターの歓迎の様子や気遣いにより緊張がほぐれて心地よい時間であった

こと等が挙げられた。

チャットを利用した記録については、①聞き漏らしがあった際に役立った、②PCの画面が小さく見られなかった、聴くことに集中していて文字を追う余裕がなかった等の回答があった。

その他、対面でなくても語り合いの場が持てるオンラインの良さ、似たような問題意識を共有できるメンバーだからこそ一人で抱え込まず、安心して話せる場になり、直面している問題の解決の方法を探れること、また、普段の人と人とが話し合う際に互いを大切にする考え方や方法であると思った、等の感想が寄せられた。

## 4．マイノリティ当事者にとって自分を語ることの意味

筆者はマイクロアグレッションという概念を知ったことで、日常生活のあらゆる場面で体験している「形容しづらくモヤモヤの残る疎外体験」(スー、2020)を少しずつ言語化でき、仕組みを理解できるようになってきた。あからさまな差別ではないが、自身の属するマイノリティ集団が軽んじられたり、マジョリティと同等の価値づけをされていないことを見聞きし体験しているうちに、自分自身であることに自信がもてず、「よい外国人」でいようとしたり、人当たりをよくしようと迎合することに気づいた。曺慶鎬、明戸隆浩が朝鮮奨学会で行った「韓国人・朝鮮人生徒学生の嫌がらせ体験に関する意識調査」によると、嫌がらせの受け止め方として「韓国人・朝鮮人である自分を嫌だと思った」と自己嫌悪の捉え方をする若者が全体(1030件)の10%前後おり、とくに男性の高校生で通称名を使っている人の方が、レイシズムやヘイトスピーチ等を自分の問題へと結びつけていることが明らかになった(明戸、2023)。このような自尊感情の低さは、様々なマイノリティ性を抱えている人々が感じることである。先の3事例は、よい聞き手とともに、どの声も尊重しながら、少しずつ声なき声を紡ぎ、自分の言葉で話せる体験であったと考えられる。このような体験が、人々が自身について、ありのままの自分でいい、自分はこの世に存在してもいい、大したことないと思ってい

る自分にも価値があると思えることに繋がるのだろう。

## 5．社会的公正（social justice）の視点とPCAGIP法

　ベル（2017）はBoler（1999）の「私たちがその生活を想像する『他者』は、共感を求めてなどいない。公正を求めているのだ。（略）重要なのは自分とかけ離れた他者に共感できる力だけでなく、他者に立ちはだかる壁をつくる風土を生み出している社会的力に、自分自身も関与していることを認めることである。」という言葉を引用している。筆者は共感も公正も両方が重要だと考える。共感にはPCAGIP法が有効だ。公正について蔵岡智子ら（2022）は、個人に焦点を当ててきたパラダイムから多文化および社会的公正への展開が必要ではないかと示唆している。出自、障害、虐待、性暴力被害など、自分ではどうしようもないことに対してもじっくりと当事者の心理的な支援を行うことも必要であるし、同時に社会的、政治的な変化無くしてはどうにもできないという側面もある。

　自身のもつマジョリティ特権に気づきその特権を活かして、声を振り絞って聞かせてくれた想いを社会へ繋げていけたらと思っている。臨床活動をする中で、少なくない方々が「じつは私の祖父母も…」と出自を明かしてくれることがある。先代の出自による苦悩で今は日本国籍になっているという方がほとんどであるが、どのようなマイノリティ性があっても誰もが平和のうちに生きる権利がある。個人の問題も社会の問題も、参加者1人ひとりを尊重し、多様な視点で結論や解決策ではなくヒントが出ればよいというPCAGIP法の視点で皆と柔軟に考えていけたらと思う。

注
（1）　以下は姜（2023a）の一部を転載し、加筆・修正したものである。
（2）　以下は日本フェミニストカウンセリング学会第21回全国大会（2023）オンラインワークショップ「支援者の為の新しい事例検討法──PCAGIPワークショップ」の概要の紹介である。

第2部　PCAGIP法の領域別実践

# 第13章
《災害支援》
## 被災地における養護教諭へのPCAGIP法

内藤裕子

## 1．実践の方法

### （1）実践の背景と方法

　東日本大震災後に行った調査（内藤ら、2017）によれば、学校避難所運営を経験した養護教諭の心労が多大であったこと、自信や職業アイデンティティーが揺らいだ養護教諭が多かったことが示唆された。そこで、養護教諭を養成している立場として、震災後、沿岸部に経験の少ない養護教諭が配置されている現状を憂慮し、養護教諭同士が支え合いエンパワーすることを目的としたPCAGIP法を継続して行うことを考えた。計画を具体化する中で、PCAGIP法のエンパワーメントの効果を検討したいと考え、事前と事後の変化や沿岸部と内陸部の比較を数量分析すること、話題提供者にインタビュー調査をすることを視野に入れ、倫理的配慮の手続きを経て実践に臨んだ。
　震災から5年以上が経ち、目に見えて復興が感じられる頃、まずは沿岸部の若い養護教諭の方々と3か月間に3回、沿岸部のイベントホールの一室にてPCAGIP法を行った。13人が参加し、1回目、2回目、3回目のセッション（以後、♯1、♯2、♯3と表記）の参加人数は、それぞれ10人、9人、7人であった。沿岸部実施の1年後には、内陸部において若い養護教諭の方々と4か月間に3回のPCAGIP法を行った。参加人数13人のうち、♯1、♯2、

＃3の人数の内訳は、それぞれ7人、6人、8人であった。沿岸部、内陸部ともに、年齢は全員が20代であり、養護教諭としての経験年数（講師期間も含む）は8年未満であった。参加者のほとんどが震災発生時は高校生または大学生であり、今回のPCAGIP法を実施する前から筆者とは顔なじみの関係であった。

　実施の目的について、「災害に対する今後の備えの一つとして日頃から養護教諭間のネットワークを整え助け合える関係を作っておくことが大切であるといわれています。養護教諭同士が支え合うネットワークの構築はエンパワーメントにつながることが考えられます。そこで、ネットワーク作りの一助になればという思いから、PCAGIP法による事例検討を行うことにいたしました。」と記し、参加を呼びかけた。参加者は、「PCAGIP法に興味があった。」「悩むことも多く元気をもらいたくて参加した。」「ネットワークができるのはすばらしいと思った。」「悩みを共有する場がないから。」「何らかの学びがあると思った。」などの理由で参加してくれた。

　事前に全員から事例（養護教諭として仕事をする中で困ったこと、悩んだこと、大変だと思ったこと）を集め、当日に話題提供者に依頼した。PCAGIP法実施前には準備性を高めるためのレクチャーを実施し、PCAGIP法の基本的な考え方である「結論がでなくてもヒントが得られれば良い」ことや「主役は事例ではなく話題提供者である」ことについて強調した。毎回、ウォーミングアップを行った後に50〜60分のセッションを実施し、実施構造は、参加人数が少ないため金魚鉢は設定せず、話題提供者と記録者1〜2人、質問者（金魚）とファシリテーターのメンバーにより進めた。一問一答については2〜3巡とし、最後に全員が感想を述べる時間を設けた。

　麻原（2000）は、エンパワーメントについて、「個人は他者との交流の中で認められたり、感情を受け止められたり、逆に他者を支える経験をするという集団の力の中で、個人の安心感を得、自己効力感、有能感、自尊感情、意欲などが高められ、エンパワーのプロセスが漸進していく。」としている。そこで、PCAGIP法のエンパワーメント効果を検証するために、天野・植村（2011）の高齢者エンパワーメント尺度の「他者との相互作用」より7項目、

Mimura & Griffiths (2007) のRosenberg自尊感情尺度日本語版RSES-Jの10項目、成田・下仲ら (1995) の特性的自己効力感尺度より6項目、谷井 (2012) のサイコドラマ効果測定尺度の「支えられ感」より3項目を使用し、26項目5件法による質問紙を作成し分析を行った。

### (2) エンパワーメントの効果の検討——数量分析より

沿岸部の参加者の経時的変化については、PCAGIP法の実施前に比べ実施後のエンパワーメント得点が上昇することが示された ($t(12) = 3.19, p < .01$)。とくに参加1回目では「他者との相互作用」($t(12) = 3.37, p < .01$) が、参加2回目では「自尊感情」($t(8) = 2.86, p < .05$) が有意に上昇した。このことから、沿岸部グループにおいては、PCAGIP法の介入により「仲間がいる安心感がある」「自分と同じような悩みをもつ人がいる」「自分の経験や知識は人の役に立つ」(質問項目より) などの「他者との相互作用」が認知され、次の段階には「私は自分のことを前向きに考えている」「自分は少なくとも他の人と同じぐらい価値のある人間だと感じている」(質問項目より) などの「自尊感情」が高まるエンパワーのプロセスが生じていたことが示唆された。内陸部においても、実施前に比べ実施後にエンパワー得点が上昇し ($t(12) = 3.83, p < .01$)、参加1回目では沿岸部と同様に「他者との相互作用」が有意に上昇した ($t(12) = 2.56, p < .05$)。このことから、PCAGIP法の一回性の効果は「他者との相互作用」に因るところが大きいことが示唆された。また、参加2回目では「自己効力感」が有意に上昇した ($t(6) = 2.51, p < .05$) ことから、内陸部グループにおいては、PCAGIP法の介入により「他者との相互作用」が認知された次の段階には、「はじめはうまくいかない仕事でも、できるまでやり続ける」「何かしようと思ったらすぐにとりかかる」(質問項目より) などの「自己効力感」が高まるエンパワーのプロセスが生じていたことが示唆された。また、沿岸部と内陸部のエンパワーメントの効果量を比較したところ、有意な差は示されなかった。

### (3) 話題提供者にとってのエンパワーメント

次に、エンパワーメントの効果量が高かった話題提供者1名を選び、録音したセッションのプロセスをいっしょに振り返っていただき、その報告をインタビューにより求めた。当該セッションのメンバーの発言データと話題提供者による振り返りの報告データについては、概念化を行い継時的に表にまとめた（表13－1）。セッションの1周目は事実関係の質問が多かったが、話題提供者が事実報告だけではなく辛さや気づきなどの感情面を表出することで、2周目には話題提供者を支持するような質問者の自己開示が質問に付されるようになったこと、それを受けてさらに話題提供者の感情表出が促されていたことが理解できた。話題提供者へのインタビューでの振り返りでは、質問に答えることで徐々に「自分だけじゃない」「他者のサポートがあった」「いいところもあった」「使っていた方法が良い方法だった」などの気づきや新たな発見が得られるようになっていった一方で、途中で質問に答えられているか不安になったり、罪悪感が出てきたりした場面があったことも報告された。

## 2. 固有の意義

災害は、その国や地域の人々にとって、普遍的な喪失感や傷つきをもたらす出来事になりうる。個人の経験に違いがあっても、なんとなく元気が出ない空気を全体で抱えながら耐え抜く時期が必要となる。そんな時期に筆者が出会ったのがPCAGIP法（村山・中田、2012）であり、集団から力をもらう体験をした（外側から観察していた立場ではあったが）。今回の実践も、同じ時期に同じ空気を抱えながら過ごしている者同士でエンパワーメントが体験できればという思いがあり実施に至った。

参加者からは「仲間がいるという安心感があり、この先も頑張っていけそうです。」「悩んだときは1人ではないと心強く感じた。」「自分が頑張っていることを自分で褒めてもいいのかなと思った。」「今回参加して自分を肯定的にとらえることができた。」「参加する前より気持ちがだいぶ前向きになっ

表13-1　セッションのプロセスと話題提供者の振り返り

| No. | セッションの流れ | 質問の内容と【発言】 | 話題提供者の発言 | インタビュー時の振り返り |
|---|---|---|---|---|
| 1 | 事例の概要を話す |  | 感情表出 | 緊張と抵抗と不安 |
| 1周目 ||||
| 2 | 1人目の質問 | 事実 | 感情と事実の報告 | 気づき |
| 3 | 2人目の質問とFaの確認 | 事実と感情 | 感情と事実の報告 感情表出（焦点修正） |  |
| 4 | 3人目の質問 | 事実 | 沈黙　事実の報告 | 罪悪感と緊張 |
| 5 | 4人目の質問 | 感情 | 感情の報告 |  |
| 6 | Faの介入（質問） | 事実 | 事実報告と感情表出 | 具体例の想起 |
| 7 | 5人目の質問 | 事実 | 事実報告 |  |
| 8 | 6人目の質問 | 事実 | 事実報告と感情表出 | 思い出して辛くなる |
| 9 | 7人目の質問 | 事実 | 事実報告と感情表出（気づきの表明） | 気づきの表明 |
| 10 | 8人目の質問 | 【自己開示】事実 | 事実報告 |  |
| 11 | 記録のまとめ |  |  |  |
| 2周目 ||||
| 12 | 1人目の質問とFaの確認 | 【自己開示】事実 | 事実報告 | 気づき（自分だけじゃない） |
| 13 | 2人目の質問 | 事実 | 事実報告 | 気づき（他者のサポート） |
| 14 | 3人目の質問 | 事実 | 事実報告 |  |
| 15 | 4人目の質問 | 事実 | 事実報告 | 質問の意図に答えられているか不安 |
| 16 | Faの介入（質問） | 事実 | 事実報告と感情表出（罪悪感の表明） | 罪悪感→フォロー→気づき（いいところ） |
| 17 | 5人目の質問 | 事実 | 事実と感情の報告 |  |
| 18 | Faの介入（質問「伝えたかったこと」） | その時伝えたかったこと | 事実と感情の報告 |  |
| 19 | 6人目の質問 | 【自己開示】事実 | 事実と感情の報告 | 気づき（使っていた方法） |
| 20 | 7人目の質問 | 【自己開示】事実 | 事実と感情の報告 | 気づき（方法の良さ） |
| 21 | 8人目の意見 | 【自己開示】事実【意見】 | 事実報告（反論？）と感情表出 | 新たな発見 |
| 22 | 記録2の質問 | 【自己開示】事実【意見】 |  | 気づき（他者のサポート） |
| 23 | 記録1の質問 | 事実【意見】 | 事実と感情の報告 |  |
| 24 | Faの介入（質問） | 感情 | 事実と感情の報告 | 質問の意図に答えられているか不安→自分の傾向への気づき |
| 25 | 記録のまとめ |  |  | 自分の中から出た答えが、自分に入ってくる感じ |
| 感想 ||||
| 26 | 1人目 | 【自己開示】【学び】 |  | 同じように悩む人がいる |
| 27 | 2人目 | 【自己開示】【学び】【励まし】 |  | 自分だけじゃなかった |
| 28 | 3人目 | 【自己開示】【学び】【励まし】 |  |  |
| 29 | 4人目 | 【学び】 |  | 前向きな捉え方をしてくれた |
| 30 | 5人目 | 【自己開示】【学び】【励まし】 |  |  |
| 31 | 6人目 | 【自己開示】【学び】 |  |  |
| 32 | 7人目 | 【自己開示】【学び】【コンプリメント】 |  |  |
| 33 | 8人目 | 【意見】【助言】 |  |  |
| 34 | 記録2 | 【意見】【助言】 |  |  |
| 35 | 記録1 | 【自己開示】【学び】【励まし】 |  |  |
| 36 | 話題提供者の感想 |  | 自己開示と感情表出と学び | 脱力、疲労 |
| 37 | Faの感想 | 【助言】 |  |  |
| 38 | 終了後 |  |  | ・周りに目を向けよう<br>・自分の取り組みを話せた<br>・学べた実感は方法論よりも考え方 |

表13-2 半構造化面接における回答

| |
|---|
| ①PCAGIPを行う前と後の違い<br>　周りの人に支えられているという感覚と自己肯定感が得られた。 |
| ②経過の中で印象が強いところ<br>　ハッとした気づきがあったこと。たとえば事例の対象の状態や他者からのサポートがあったことに対する気づき。 |
| ③全体の流れの中で変化を感じたところ<br>・最初は不安や抵抗があるが、質問に答えていくうちに話しやすくなる。<br>・だんだん悩みの中心に迫っていく。<br>・こちらが自己開示するとみんなも自己開示するようになる。<br>・質問によって自分の中から答えが出てきて、白板の記録を見た時に答えが自分に返ってくる感じがした。 |
| ④質問者の役割になったときに活かせたこと<br>　気づいていないことに気づけるように、周りにサポーターがいることを思い出せるように、参加して良かったと思えるように質問を考えるようになった。 |
| ⑤この方法のマイナス面<br>　思い出すのが辛くなる場面や話すことへの罪悪感が出てきたりする場面があったこと。後から疲労感がどっと出てくること。 |

た。」「心が軽くなりました。」「話題提供者ではなかったが、私自身が精神的に励まされた気がする。」などの感想があり、エンパワーメントの一助を担えたことにほっとした気持ちになった。

　数量分析においては、PCAGIP法は1回でもエンパワーメント効果があり、1回性の効果は「他者との相互作用」に因るところが大きいことが示された。話題提供者のインタビューにおいても、自己開示（感情の表出）によって自己開示（支持的な感想発言）が表出されるような相互作用が起こっており、エンパワーメントの要素となっている「人との相互作用」がPCAGIP法によって生じていることが考えられた。

　話題提供者のインタビューでは、半構造化面接にていくつかの質問を行ったので、回答を表13-2に示す。③の質問について、話題提供者は「質問によって自分の答えが出てきて、白板の記録を見た時に答えが自分に返ってくる感じがした。」と述べていることから、答えを自分で出した感覚が実感できたことも自己肯定感につながったのではないかと考えられる。また、話

題提供者は、学べた実感として残っているのは「方法論」より「考え方」であると述べており（表13‐1のNo.38）、このような「考え方」が次の課題を乗り越えるための力になるのではないだろうか。

　災害支援は被災体験からの回復に直接焦点をあてて支援するだけではなく、集団を利用して1人ひとりがエンパワーされ、さらに広い集団の底力につながるような支援も必要であると思われる。PCAGIP法はそのために貢献できる支援方法の1つになるであろう。

第 **3** 部
# PCAGIP法の運用方法の展開

# 第14章

《フォーカシング指向》
## フォーカシング指向のPCAGIP法

堀尾直美

## 1. 実践の方法

### （1）適用の場

　筆者が所属するフォーカシング指向心理療法の研究会は、2010年に村山正治からPCAGIP法を学び、2010年と2011年の日本心理臨床学会大会自主シンポジウムで、PCAGIP法の紹介や実際に事例検討のデモンストレーションを行った（日笠・小坂、2012）。さらに、研究会メンバーの日笠摩子、堀尾、中村和徳、小坂淑子（抄録掲載順）は、2014年に行われた第三回フォーカシング指向心理療法国際会議で、その場で事例提供者を募り、聴きにきた人たちにPCAGIP法による事例検討を体験してもらい、PCAGIP法を紹介する発表を行なった（Hikasa et al., 2015）。現在も、研究会で事例検討を行う際、事例提供者の希望によりPCAGIP法で行っている。
　表14-1に、筆者がファシリテーターを務めたPCAGIP法の実践をまとめた。本章では、表記載の適用事例について述べる。なお、1～3番は同一の相談室である。所属カウンセラーに任期があり、その都度参加者は異なっていた。
　いずれもPCAGIP法を指定された依頼である。村山（2012a）が示した実施手順に沿うことを基本としている。参加人数が少ない場合には、表14-1

第 14 章 《フォーカシング指向》フォーカシング指向の PCAGIP 法

表14−1 適用事例

| 番号 | 対象 | 時期 | 回数 | 趣旨 | 時間数 | 対面／オンライン | 参加費 | 事例選定 | 参加人数／"金魚鉢" | 備考 |
|---|---|---|---|---|---|---|---|---|---|---|
| 1 | 大学保健センター相談室 | 2014年 | 1回 | 事例検討 | 3時間 | 対面 | なし | 事例は決められていた | 5名／なし | 記録者1名、記録者も質問の順番に加わった |
| 2 | 大学保健センター相談室 | 2018年 | 1回 | 事例検討 | 3時間 | 対面 | なし | 事例は決められていた | 4名／なし | 記録者1名、ファシリテーターが記録者を務めた |
| 3 | 大学保健センター相談室 | 2022年 | 1回 | 事例検討 | 3時間 | オンライン | なし | 事例は決められていた | 6名／なし | 記録者1名、記録者も質問の順番に加わった |
| 4 | 大学学生相談室 | 2023年 | 1回 | 事例検討 | 3時間 | 対面 | なし | 事例は決められていた | 6名／なし | 記録者1名、記録者も質問の順番に加わった。多職種 |
| 5 | 市区町村教育会教育相談部 | 2015年 | 1回 | 研修 | 1時間45分 | 対面 | なし | 事例は決められていた | 10名／なし | 多職種 |
| 6 | 国家公務員心理部門 | 2018年 | 1回 | 研修 | 3時間 | 対面 | なし | 事例は決められていた | 24名／あり | 多職種 |
| 7 | 社会福祉法人 | 2019年 | 1回 | 研修 | 3時間 | 対面 | なし | 事例は決められていた | 10名／なし | 多職種 |
| 8 | 相談・研修会社 | 2016年 | 単発4回 | 講座 | 4時間 | 対面 | あり | 講師選定 | 19名／あり<br>10名／なし<br>11名／あり<br>9名／なし | （参加者を募集しているため多職種） |
| 9 | 有志グループ | 2023年 | 1回 | 講座 | 3時間半 | 対面 | あり | 講師選定 | 8名／なし | （同上） |

（注）参加人数はファシリテーターを含まない

の備考欄に示した変更を加えた。質問する人の数がある程度保たれることが、視点の多面性をもたらすからである。

　事例検討や研修が趣旨である場合には、依頼元が検討する事例を決めていた（1～7番）。8番に示した講座では当初、受講者全員に対し事例の事前提出を課していた。その経験から、検討してほしいという気持ちがある人に事例提供してもらうことが、検討の深まりにつながると考えるようになった。検討が深まるには、事例提供者が体験に開かれている必要がある。PCAGIP法ではグランドルールが定められ、安全安心な場の創出を図る。それに加え、検討したい気持ちが、リスクを引き受け、心を開いてその場にいることを後押しするであろうと考えている。

　事例の選定にあたっては、PCAGIP法での検討がより相応しいであろうものを選ぶようにしている。たとえば、記録者が板書したピカ支援ネット図（ピカマップ）が活きるだろうと想像するような事例である。

　記録の書き方を質問されることは少なくない。そこで、あくまで参考として板書例の画像（文字は判別不能）を配布資料に2種載せている。

　金魚鉢グループの関与の仕方次第で、安全安心な雰囲気が薄まることがある。一方、金魚鉢グループにいることで、状況全体を俯瞰しやすくなる面もある。筆者は安全安心優先の考え方をしているので、時間枠とその考えにもとづき、参加人数を決められる場合（9番）は、ファシリテーター以外の人数を8～9人程度に制限することが多い。

（2）進行の組み立て

　事例検討、研修、講座のいずれも、進行の組み立ては同じである。村山（2012a）や村山（2012b）、村山（2020）に基づきまとめたPCAGIP法を紹介する資料を配布しておく。はじめに、PCAGIP法について説明する時間をとる。その後、事例検討を実施する。3段階ステップ（村山、2012a）のうち、第1ステップまででクロージングに入る。まとめとして、PCAGIP法による事例検討の流れを解説する。解説には、配布資料に載せた「図解PCAGIP」（筆者作成、図14-1）を用いる。図で下線の付いた文字になっているところは

第14章 《フォーカシング指向》フォーカシング指向のPCAGIP法

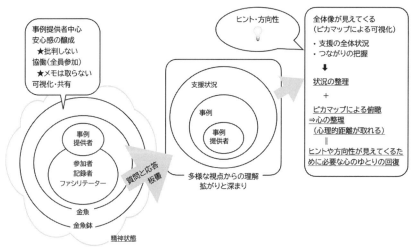

図14-1 図解PCAGIP

筆者の私見である。さらに、筆者が考える、PCA（パーソン・センタード・アプローチ）の人間観・関係論・グループ観とPCAGIP法のつながりを話す。そして、参加者から全時間についての感想を述べてもらい、終了する。説明や解説への質問は、随時受けるようにし、適宜質疑の時間を設け、なるべく双方向で行うようにする。さらに、全時間を通して話題提供者中心を心がける。具体的にはたとえば、メンバーや記録者、ファシリテーターの発言の後に、話題提供者としてはどう思うか、どう感じたかを発言してもらうようにしている。

時間配分の例を挙げる。要望の多い3時間の場合、進行予定としては、はじめの40分を挨拶やお互いの自己紹介、PCAGIP法についての説明と質疑にあてる。終わりの20分を研修や講座の全体の振り返りにあてる。残りが事例検討と休憩時間である。可能なかぎり終了後、進め方や内容、配布資料、筆者に対するフィードバックへの協力をお願いしている。

（3）ファシリテート

PCAGIP法を体験して学ぶ研修に、受講者として参加した経験が筆者には

4回ほどあり、うち1回はPCAGIP法のファシリテーションについて学ぶ機会でもあった。これらの講師は村山正治もしくは中田行重であった。また、長年メンバーとして、ベーシック・エンカウンター・グループや集団精神療法の体験グループに参加している。フォーカシングや傾聴を伝えるワークショップで講師を務める経験も少なくない。ファシリテーターを務めるにあたり、それらの学びや経験が筆者を支えている。

　上述したように、実践手順に「フォーカシング指向の」変更を加えているわけではない。筆者はフォーカシングに馴染んでいるため、筆者がファシリテートすると自ずとフォーカシング指向になると考える。そのもとには、フォーカシング・プロセスを邪魔せず支える傾聴・応答と「フォーカシングで大切にする態度」（近田、2005）がある。それは、自分が感じていることや自分自身、そして、他者に対して、受容的共感的に耳を傾け、感じることの背後にはわけや事情があるのだろうとやわらかな関心を向ける態度だ。自らの実感に触れながらその場にいるよう努めている。

　筆者が行っていること、心がけていることを書き出してみよう。

　①ゆっくり行う：状況との相互作用で生じている体験に触れるためには、時間的な間が必要である。「ゆっくりやりましょう」と事例検討を始める前に伝える。事例検討の進行中にも必要に応じてそのように声かけをする。

　②伝え返す：参加者の発言や質問を理解するために、また、筆者自身の実感に響かせるために、理解したことや実感に触れた言葉を伝え返す。伝え返すことは、ゆっくり行うことにも資する。記録者のための時間にもなる。

　③フィードバックをもらう：伝え返したことが違っていたら、発言した人に修正してもらう。「違っていたりずれていたりしたら、教えてください」と頼む。修正をもらったら、それを取り入れる。②と③を行うことで、理解の確かめができ、話題提供者と事例についての共通理解が進む。

　④実感に触れるよう招く：「少し時間をとってみませんか。もしよかったら、ここまでやってきて（事例検討をしてきて）、どんな感じがしているかなあ、と自分に問いかけてみませんか」と声かけしてみる。実感に触れることが気づきにつながっていくからである。安全安心を脅かさないように、強い

ない。

⑤落ち着いてそこにいる：人の精神状態は伝わり合うので、安全安心な場を作るために、まずファシリテーターが落ち着いてそこにいるよう心がける。

⑥非言語的表出に気を配る：非言語的コミュニケーションは自ずと起きている。自身と参加者のうなずきやあいづち、表情や姿勢、仕草、話す速さや声の調子などに留意する。

⑦批判に対応するためには、止める、発言者に伝え返しをして確認し明確化する、発言者の真意を聴きポジティブな側面を汲み理解を示す、話題提供者に共感、理解、いたわりやねぎらいを示す、などがある。

話題提供者の自己批判もそのままにせず立ちどまる。批判する気持ちと批判された側の気持ちをそれぞれ認めるよう提案したり（たとえば「両方の気持ちをそれぞれ、あるんだなとわかっておきましょうか」と声かけする）、いたわり、ねぎらいや、もっともだ、無理もないと思う気持ちを表明したりする。

⑧状況を整理し、ピカマップ全体をゆっくりながめる：話題提供者はじめ参加者に時間をとって眺めてもらう。

## ２．固有の意義

当日の振り返りや事後のフィードバックをそのまま載せることはできないので、複数から一般化し記す。事例検討全体がカウンセリングのようだった、話題提供者中心を体験できた、待つことや間が重要だと思った、実感に触れる体験ができた、温かさを感じた、全員がエンパワメントされる感じ、支え合う感じがした、皆で自分事として考えた、思わぬ気づきを得た、ファシリテートが参考になった、終了後連携が進んだといった感想や報告をもらっている。振り返りやフィードバックを通じて筆者が気づかされたことを２つ記す。金魚鉢グループがいることで金魚メンバーが「批判しない」ようにしようとする場合があること、ピカマップがもつ可視化の働きは視覚健常者を前提としていることである（考えれば当然であるのに意識化されていなかった）。

第3部　PCAGIP法の運用方法の展開

　PCAGIP法で安全安心な環境が創りだされ、グループ全体に「フォーカシングで大切にする態度」が醸成されると、自己開示しやすくなり、実感に耳を傾けることができるようになる。メンバーからの質問や感想により、見ていなかった側面やつながりに気づいたり新たな視点を得たりすることができる。状況や気持ちが整理され、自己批判から心理的な距離をとり、状況や気持ち全体を俯瞰できるようになる。心のゆとりを取り戻し、気づきが起きて、ヒントや方向性が生成すると思われる。ファシリテーターや参加者相互の傾聴により、自分自身や他者への共感や無条件の肯定的眼差しを体験しうる。グループであるため、協働、それぞれにかけがえのない存在であること、個々人が尊重されること、今ともに生きていること、対等性が体験できる。
　PCAの人間観・関係論・グループ観はPCAGIP法が有効に働くための土台であるとともに、PCAGIP法による事例検討はPCAの人間観・関係論・グループ観を体験する場、学ぶ場、実践する場ともなる。職場で行うことで協働する関係が醸成されるので、組織開発という側面があるのではないだろうか。会議に応用することができると思う。

# 第15章

《リフレキシブ／オンライン》
# リフレキシブPCAGIPと
オンラインPCAGIP

押江　隆

　筆者はPCAGIP法と出会って以来10年以上、学校教員や養護教諭および相談支援者等の事例検討会、大学院における臨床心理士・公認心理師の養成といった様々な現場でPCAGIP法を実施してきた。その中には、PCAGIP法の方法を見直す必要を迫られた場面もあった。そのたびに、PCAGIP法の本質とは何か、そもそもPCAGIP法によって筆者自身は何をしようとしているのかを問うてきたように思う。本章では、筆者自身の実践として「リフレキシブPCAGIP」と「オンラインPCAGIP」を取り上げ、他のスーパービジョン等と異なるPCAGIP法ならではの特徴について論じてみたい。

## 1．実践の方法

### （1）リフレキシブPCAGIP

　「リフレキシブPCAGIP」（押江ら、2017）は、話題提供者や参加者が自らどのように感じているか「ともに振り返って観る」（co-reflexive; 河﨑、2015）状況をつくりだすために、筆者が当時の大学院生とともに考案したPCAGIP法の新しい方法である。

　リフレキシブPCAGIPは、以下の2つのきっかけから生まれてきた。その1つはカンファレンスである。筆者は大学院で心理士養成に携わっており、その業務の1つとしてカンファレンス担当がある。これは大学院生が担当し

ているケースについて検討を行うものであるが、当時筆者が所属していた大学では、カンファレンスの事前に院生と担当教員で話し合って事例検討の方法を決めることになっていた。その話し合いの中で、ある院生が、クライエントに対する自分の気持ちや感情を振り返られるようなカンファレンスにしたいと要望したことをきっかけに、この方法が生まれてきた。

　もう1つは、ある学校から依頼を受けて実施した教員のPCAGIP法による研修会である。この研修会ではある教員がある児童生徒の事例を提供したのだが、その事例は参加した教員全員がすでによく知っており、参加者が何をどのように質問してよいかわからず、プロセスが深まりづらかった。PCAGIP法は事例そのものではなく話題提供者が主役（村山、2012）であり、その事例の背景にある話題提供者自身の思いを丁寧に確認していく必要があるが、この研修会ではそのような状況になりづらかった。ファシリテーターが率先して話題提供者自身の気持ちや思いを聴く場面が必要であると思われた。

　以上の2つをきっかけに生まれてきたリフレキシブPCAGIPが、従来のPCAGIP法と最も大きく異なるのは、参加者からの質問が一通り終わったら、ファシリテーターが話題提供者自身の気持ちや思いを1対1で丁寧に聴く点である。その目的は、傾聴を通して話題提供者が自らの体験過程に触れ、推進するのを促すことである。具体的には「いろいろと質問を受けてみて、いまどうですか？」、「今後、ここでどんな話し合いができたらよいと思いますか？」のように尋ね、話題提供者の語りをパーソン・センタードな態度で聴いていく。これを「パーソン・センタード・スーパービジョン（Person-Centered Supervision）」（以下"PCS"と表記; 押江、2015）と呼んでいる。PCSで話題提供者が受けた質問をある程度消化し、今後ここでの話し合いがどの方向に進んでいけばよいかがわかってきたら、再び参加者から質問を受ける（グループパート）。ある程度質問を受けたら、またPCSを行う（PCSパート）。このように、グループパートとPCSパートを繰り返していくのがリフレキシブPCAGIPの特徴である。

　押江ら（2021）はPCAGIP法にPCSを組み合わせることで、話題提供者の

第 15 章 《リフレキシブ／オンライン》リフレキシブ PCAGIP とオンライン PCAGIP

体験過程が深まりやすくなることをリサーチから示している。また押江ら (2017) に示したように、PCSは話題提供者以外の参加者にとって、自分の中で考えを整理したり、話題提供者の話を聴いて自分がどのように感じているのかを吟味したりする時間になる。リフレキシブPCAGIPによって話題提供者以外の参加者が、まるで自分がカウンセリングを受けたように感じることもあるらしい。このように、リフレキシブPCAGIPはグループ全体が「ともに振り返って観る」相互リフレキシブな状況をつくりだすと思われる。

（２）オンラインPCAGIP

　先述したように筆者は大学教員として心理士養成に携わっており、その一環でPCAGIP法を学部と大学院の合同授業で例年実施してきた。ところが、2020年ごろから始まった新型コロナウイルス感染症（COVID-19）の爆発的な感染拡大、いわゆる「コロナ禍」によりあらゆる授業がオンラインでの実施を求められ、PCAGIP法の授業も同様であった。そこで、PCAGIP法を可能な限りオンライン会議システムに落とし込めるよう、当時の大学院生とともに工夫して実施した（押江ら、2023）。

　オンラインPCAGIPでは、教室はオンライン会議システムWebexに、記録に用いる黒板はGoogleドキュメントになった。例年「金魚グループ」と「金魚鉢グループ」にわかれる金魚鉢方式を採用しているが、Webexには座席がないため、参加者をあらかじめ各グループに割り振っての実施となった。その他はこれまでの対面PCAGIPとほぼ同様の流れで進めた。

　その結果は大変興味深いものであった。PCAGIP法はオンラインでもたしかに実施可能であった。話題提供者に共感し、問題を共有しながら、様々な視点が出てきた。「参加者の視線を感じにくいので緊張しづらい」、「遠く離れた人にも参加してもらいやすいため様々な立場の人の意見を取り入れられる可能性がある」等、オンラインならではのよさが参加者の感想文に寄せられた。

　一方で、感想文にはオンラインならではの難しさもみられた。通信品質の問題や長時間実施による疲労といった、ツールの特性による難しさがみられ

たのは予想どおりであった。しかしそれだけではなく、オンラインでは画面は共有していても、参加者の部屋がそれぞれ別で、同じ空間を共有していないということが、グループの風土に大きく影響するということがみえてきた。オンラインPCAGIPに参加した1年後、コロナ禍が落ち着き対面で実施したPCAGIP法に参加したある学生は、オンラインでは「一緒になって考えることが難しかった」が、対面では「同じ空間にいる、目が合うだけで一員であるという感覚を覚えた」と述べていた。「対面であれば、話題提供者を中心として座っていたため、話題提供者のための場であることがより強調されていた」と述べる学生もいた。また金魚鉢方式について、対面では座席の配置で金魚グループと金魚鉢グループの違いがすぐわかるが、オンラインではよくわからないという声もあった。

筆者がこの体験から学んだのは、PCAGIP法では参加者の身体が同じ空間に「ともにいる」こと自体に大きな意味がありそうだ、ということである。話題提供者にとっては、そこで何が話されたかというだけでなく、多くの参加者が自分のことを一生懸命考えてくれているという熱量や空気感自体が心理的な支えになると思われる。グループの参加者が同じ空間にともにいるということ、いわばプレゼンスが、PCAGIP法にとって非常に重要な要素であることをこの体験から学んだ。

したがって、オンラインでのPCAGIP法は手続きとしては実施可能であり、利点ももちろんあるが、それはもはやPCAGIP法そのものではないのかもしれない、と考えるようになった。カメラやマイク、インターネットの回線は、参加者の声や姿は届けても、プレゼンスまでは届けてくれないようである。

## 2．固有の意義

ここまでリフレキシブPCAGIPとオンラインPCAGIPという、筆者の2つの実践を取り上げてきた。以上をふまえて、PCAGIP法の固有の意義について議論してみたい。

## （1）ファシリテーター自身が「哲学する」こと

　上に述べたように、リフレキシブPCAGIPが生まれたきっかけの1つは、教員の研修会での手痛い失敗であった。手続きそのものは間違っていなかったように思うが、プロセスを深めることが難しかった。このことをきっかけに、PCAGIP法の研修会により参加者にどうなってほしいのか、何を知ってほしいのかを問い直す作業が始まった。その中で、支援者にはいったん立ち止まって、ゆっくり丁寧に「振り返って観る」時間が必要であること、そして「振り返って観る」人たちがゆっくり丁寧に語り合うことが、よりよい支援を実現するうえで重要であることを、PCAGIP法を通して多くの人に知ってほしいと自分が願っていることに気づいていったように思う。その折、院生から「クライエントに対する自分の気持ちや感情を振り返られるようなカンファレンスにしたい」との要望を受け、この方法が生まれてきた。

　ところでPCAGIP法は、話題提供者がよりよい支援に向けて、その人ならではの取り組み方や方向性は何かという問いに、参加者の力を借りながら探求する方法である。これはいわば「哲学する」（並木、2018）行為といえるだろう。話題提供者が「哲学する」場を提供するPCAGIP法のファシリテーターにも同じことがいえる。つまり、ファシリテーター自身、何のためにPCAGIP法を実施するのか、このことによって話題提供者や参加者にどのようになってほしいのか等を、つねに考えていく必要があるのである。

　リフレキシブPCAGIPの方法は押江ら（2017）に掲載しているが、その手続きのとおりに実施するだけでは、筆者と同じ轍を踏むことになると思われる。実際、筆者自身がリフレキシブPCAGIPであってもうまく進まないケースを経験しており、「哲学している」といえば聞こえはいいが、いまも悩み続けているのである。

　このような「哲学」を話題提供者だけでなくファシリテーター自身も問うような姿勢こそが、講師が正しい方法を教える他の研修会やスーパービジョン等と異なる独自の特徴の1つといえるだろう。

## （2）人と人との「出会い」

オンラインPCAGIPの体験から学んだのは、対面PCAGIPにおける「同じ空間に複数の人が集まって、話題提供者の話を全員で聞く」意義である。少なくとも筆者にとって、このことは自明の前提であった。コロナ禍で空間を失ってはじめて、その大切さに気づくことができた。

考えてみれば、1つの部屋にたくさんの人が集まって、少しでも力になろうと全員が1人の声に耳を傾ける状況というのは、他ではなかなかみられない、文字通り「有難い」ことである。何を話し合ったか、どんな質問をしたかといった点ももちろん大切だが、「何をしたか」の以前にある「たくさんの人がそこにいてくれる」ことが、いかに重要であるかを学んだように思う。

PCAGIP法はエンカウンター・グループ体験の場であると村山（2012）は述べている。PCAGIP法はエンカウンター、つまり人と人との「出会い」の場である。PCAGIP法では必ずしも結論が出なくてよいとされており、その理由として村山（2012）は「もともと事例検討に結論などない」ことと「話題提供者の引き出しを増やすことがねらいである」ことの2点を挙げている。このことには筆者も異論はないが、それ以前に、関心を向けてくれるたくさんの人がそこにいてくれることの「有難さ」が挙げられるのではないだろうか。そしてファシリテーターは、そんな人と人との「出会い」が実現するべく、様々な努力をしているのではないだろうか。

このような人と人との「出会い」を大切にする事例検討の場を、筆者はPCAGIP法以外に知らない。人間関係の希薄化が叫ばれて久しい現代社会において、人の支えになる「出会い」の場をつくりだそうとする点が、PCAGIP法の現代的な意義の1つであるといえるだろう。

# 第16章

《集団・多人数・大規模》
## 複数セッション同時並行PCAGIP法

中島真夕

　私がPCAGIPと出会ったのは、2001年の村山正治先生の授業だった。「インシデントプロセス法にPCAのエッセンスを取り入れた事例検討法をやってるんだよ。これおもしろいんだよ。いろいろ起こってくるんだよ。」と、先生から響いてくる言葉にワクワクした。実施方法と実施上の大切なポイント、発表者を傷つけない、パスあり、事前資料はなくてもいい、メモはせずホワイトボードで情報は共有する、と教わった。やってみると今までの事例検討と違い、そこにいたみんながなんだか事例検討の後元気になる、そんな楽しい事例検討だった。

　金魚鉢方式が加わり、PCAGIPという立派な名前がついたと知ったのは、この数年後になる。私がPCAGIPに出会ったのは、こんなまだ様々なことが動き試行錯誤されている創成期だった。だからこそ、教えていただいたシンプルな実施方法の中で、PCAの大切なエッセンスを生かし、私なりに臨床現場に合わせて、柔軟に自由にPCAGIPを展開していくことができたと考える。

## 1．実践の方法

（1）複数セッション同時並行法が生まれた経緯
　はじめてPCAGIPを実施したのは、スクールカウンセラー（以下、SC）と

して勤務1年目の中学校だった。前任SCと学校の関係が芳しくなく、後任の私はほぼ孤立無援で活動しており、SCとしての能力を試される場として提供されたのが教職員対象の夏の研修会だった。学校状況や様々な条件やニーズに応えるため、苦肉の策で生まれたのが、本来のPCAGIP法に工夫を加えた、複数セッションを同時並行で行う形のPCAGIP（中島、2016）だった。

### （2）従来のPCAGIP法との相違点と複数セッション同時並行法の実施方法

PCAGIP法の基本姿勢、適用範囲、プロセス（村山・中田、2012）は従来通りである。相違点や大切なポイントは以下①～⑨にまとめ、実施方法や手順は表16-1に示す。また、複数セッション同時並行法を実施する中で、うまくいかなかったと感じるセッションも数回経験し、方法や手順、大切なポイントは精査し整理をしていった。なお記載にあたって、心理士等をSC、研修会参加者を参加者、グループメンバーをメンバー、グループファシリテーターをFac.、事例発表者を発表者、また、Fac.等とは、Fac.と記録者を含み、担当者は、研修会担当やSCコーディネーター等を指す。

① 複数セッションを同時並行で実施する。
② 一問一答、パスあり、メモなしのルールをしっかり守る。
③ SCはコーディネーター、参加者、コ・ファシリテーターとして、全グループを巡回しながら、グループに参加・調整・フォロー等コミットする。
④ 実質グループを動かしていくFac.は、事前に参加者の中から選ばれる。
⑤ Fac.の役割や重要性は事前に担当者に伝え、選任は担当者に任せる。
⑥ Fac.が記録者を兼任する場合も多い。
⑦ 検討事例はセッションがはじまりFac.が決定する。
⑧ SCとFac.等によるルール紹介のロールプレイをセッション前に行う。
⑨ SCはFac.等とセッション前打ち合わせ、休憩中ミーティングを行う。

表16－1　複数セッション同時並行PCAGIP法の実施方法・手順

| セッション等の流れ | | 方法・内容・ポイント | 時間(分) |
|---|---|---|---|
| 事前準備 | グループ編成 | 編成は担当者に任せる。所属学年、学部等で構成されることが多い。所属外の参加者等は、ランダムあるいは、所属者、学部等との関係性によって分けられる。 | |
| | Fac.の選任 | Fac.の役割や重要性は事前に担当者に伝え、選任は任せる。 | |
| | 記録者の選任 | 記録者はFac.が兼ねる場合が多い。メンバー数が多い場合等、適宜設定することもある。その場合は、事前に担当者が選任するか、当日Fac.が選任する。 | |
| | 事例の設定 | 担当者から参加者に「自分が今一番困っている・気になっているケースについて、頭に（心に）思い浮かべていて下さい」とアナウンスしておいてもらう。 | |
| セッション前の打ち合わせ | | SCがFac.等に、以下について紙面を使って説明する。 | 15〜20 |
| | 全体の流れと留意点 | セッションの流れと時間配分。休憩時間にミーティングを行うこと。困ったこと等なんでもSCに相談してもらってOKなこと。 | |
| | セッションの目的 | 具体的な援助・支援を考え出すことよりも、各自が事例についてのイメージを膨らませ、理解を深め、それを全員で共有することが大切ということ。 | |
| | ルール | 前提条件として、批判しないこと。ルールは、一問一答、パスあり、メモなしの3つであること。 | |
| | Fac.の役割 | ルール破りや、目的や話題が大きく逸れていく等の場合は介入すること。ホワイトボード等に発言の要点をメモすること（記録者兼任の場合）。 | |
| | 記録者の役割 | 参加者の発言の要点をホワイトボード等にメモする。 | |
| | ロールプレイ | ルールの説明のために、SCとFac.等によるロールプレイを行う。その方法の説明と役決めを行う。 | |
| セッション前半 | 自己紹介と目的や方法の説明 | SC、Fac.等が自己紹介と役割紹介を行う。SCが紹介内容の不足分を補う。 | 15〜20 |
| | | SCがセッション全体の流れと時間配分、目的、ルールを説明する。 | |
| | ロールプレイ | ロールプレイは、SCがFac.役、Fac.等が参加者や発表者役になり、あえてルール破りの失敗例を示す。 | |
| | 検討事例の決定 | 各グループに別れ、参加者全員が一人一事例、「誰の、どういったことが困っている・気になっている」と口頭で発表していく。 | 10 |
| | | Fac.が検討する事例を決定する。 | |
| | 事例についてのイメージを膨らませる | 発表者が前に移動し、Fac.が検討する事例を「発表者が、誰の、どんなことで困っている・気になっている」という形であらためて紹介し、ホワイトボード等に記載する。 | 40〜60 |
| | | 一問一答形式で、メンバーが事例について質問を行い、発表者が答えていく。時間に応じて数巡する。 | |
| | | Fac.等は、質問に対する応答を観点別にまとめホワイトボード等にメモしていく。 | |
| | | 最後に、Fac.がホワイトボード等を使い、事例について共有できた事実や状況を整理し明確にする。 | |
| 休憩 | ミーティング | SCはFac.等をねぎらい、＜前半部分をやってみて、困ったことや、気になったことはありませんでしたか＞等、具体的に聴き、説明やフォローを行う。 | 10〜20 |
| | | 後半の流れをFac.等に説明、確認する。 | |
| | 事例の整理をする | 参加者や発表者は、①事例へのイメージ②事例に対して感じたことや見立て③具体的な方向性等、休憩前に配布した用紙に記入する。Fac.や記録者も時間的な余裕があれば記入する。 | |
| セッション後半 | 事例について見立てと見通しをたてる | 各自記入したものを順に発表する。 | 15〜40 |
| | | 一巡した後は、具体的なかかわり方やその影響や反応、思ったこと、感じたこと等フリーに検討する。 | |
| | | 最後に、グループ内で発表者に感想を言ってもらう（拍手）。 | |
| | 事例への理解を全体で共有する | Fac.が事例と検討したこと等を簡単に発表する。 | |
| | | SCに質問があれば受ける。 | |
| | | 最後に、Fac.等に感想を言ってもらう（拍手）。 | |

＊研修時間は2〜3時間。メンバー内の関係性、SCと学校の関係性、グループの発展具合等によって、内容や時間配分は多少変化する。

### （3）感想等から窺える参加者にとっての効果

　今まで実施してきた研修会参加者の感想を観点別に以下①～⑤に記載する。
　①事例理解や対応；「今まで知らなかった側面を知ることができてよかった」「わかっていることわかっていないことが明確になった」「取り組みを振り返り、見通しをもてた」「子どもに対するイメージ（とくに悪いイメージ）にとらわれすぎているのではと反省した」「自分の考えや思いを他の方の意見を聞くことでふくらませることができた」「発表者の立場に立ち自分のこととして考えることができた。発表者の大変さや自分の力のなさも感じた」
　②PCAGIPへの評価；「様々な考え方を聞くことで、難しい問題でも解決の糸口が見えてくるし、協力体制も出てくるのでとてもよかった」「イメージが膨らむだけでなく、これからの方向性としてプラスの面がよく見えるように思えた」「頭の中を整理しやすかったし、一人一人が参加しやすかった」「メモを取らずに話す、聞く、という形式は、集中できてとてもよかった」
　③メンバーへの思い；「フォローを実感できた」「もっと相談し、意見や助言をもらおうという気持ちになった」「仲間の励ましのアドバイスを聞くことができて幸せだった」「二学期が始まると思うと、ものすごく憂鬱だった。今日の話し合いで、少し気が楽になった。他にも私の憂鬱を理解してくださる先生がいてくださることを、ありがたいなぁと思った」「今自分のクラスで悩んでいることも、学年の先生や他の先生へ言うことで少し軽くなりそうだ」
　④参加者の本音；「気になる生徒はまだまだいるので教師として何ができるのか前向きに考えないと押しつぶれそうだ」「日頃からこういう形で生徒の話ができるとよいが…と思うが難しい…」「不安や悩みを担任一人で抱えてしまうときつい。それをみんなで共有してみんなで生徒を見守れたらと思う」「本来ならばいろいろな子に対してこのような話し込みが必要だと思う」
　⑤参加者の意欲向上；「生徒についてもっと多くのことを知ろうと思った」「もっとたくさんの生徒について話し合いたい」「その子のよいものをいかにして引き出してあげられるか考えていきたい。そのためのきっかけ作りを少しでもがんばっていきたい」「気になる子についてもっと声を上げていきた

いと思う」「このような形で生の声を聞ける場を増やしていけたらと思う」
　このように、事例に対して、情報共有や共通理解ができ、客観的に振り返り、理解が深まったことが伺える。またメンバーに対して、信頼や安心感の中、本音が語られ、参加者の意欲が沸き、元気になっていくことが伺えた。

（4）SCにとっての効果
　以下①〜②のように、SCにとって思わぬ効果も生じ、その後のSC活動に役立つこととなった（中島、2016）。
　①学校を知り見立てる：（2）の③で、SCは全体の雰囲気を感じ、参加者やグループや事例検討の様子を窺い観察している。その中で、参加者の人柄、メンバーの関係性や力動等を一度に知る機会となる。また事例検討から、学校の困り感やニーズ、雰囲気等を、ある程度把握することができる。
　②教職員と関係をつくる：Fac.等と打ち合わせやミーティングの時間を、丁寧に共有しフォローアップすることで、教職員と関係性を構築できる。

（5）複数セッション同時並行法の持ち味
①100名超えのPCAGIP
　教職員約160名、19グループ同時実施。SCとしては1か所実施のハード面の難しさや、安全・安心感の中、丁寧に気を配る限界を感じた。しかし感想には、「暑かった」「狭かった」「隣がうるさかった」等ハード面への批判は多数みられたが、PCAGIPに対するネガティブな感想等は少なかった。

②PCAのエッセンスを感じたPCAGIP
　担当者が選任したFac.が教員1年目だった。するとベテラン教師が記録者に立候補するような形で決定し、Fac.を上手にサポートされていった。グループの空気感が次第に変化していくのをSCも肌で感じた。Fac.、記録者、発表者、メンバーの始まりと終わりの表情がまったく違ったのが印象的だった。

③多職種合同のPCAGIP

　教職員3グループと寄宿舎職員3グループを合同実施。全6グループ中、3グループで同じ事例が検討されていた。休憩中や終了後も、参加者が垣根を超え、ホワイトボードを読み合い、尋ね合い、困り感を共有し対応について話されていた。困った事例は、生徒が困っている事例となり、その後支援の認識が変化した。

（6）複数セッション同時並行法の実施範囲

　参加者が10～12名を超える場合、複数セッション同時並行法を実施している。1グループの人数は5～10名程度までが程よく、一人で責任をもち、全体まで配慮が行き届くグループ数は、10グループ前後だと感じている。しかしこれらは、実施する心理士等の個人差や、参加者の関係性等、様々な要素によって変わってくると考える。実施領域は、主に学校関係でSCとして実施してきた。最近は障害福祉領域のスタッフ対象に行うこともある。

## 2．固有の意義——学校文化と複数セッション同時並行法を行う意味

　学校に事例検討という文化は根付いていないように感じる。しかしそれに代わるものとして、少なくとも20数年前の学校には、良くも悪くも井戸端会議的に困ったケース等について教師同士がやり取りをしている風景があった。

　急速に変化する現代社会において、学校も様変わりしている。教職員は改革と多忙さに追われ、価値観や仕事観の揺らぎの中、子どもたちに向き合っている。チーム学校のもと、多様で複雑化・困難化した問題への予防や未然防止や初期対応に努めることが求められている。そんな現代の学校で、何かやることで自分たちが大変になるのではなく、本音を出しても受け入れられ、孤立化せず、一緒にやっていこうと思える。楽しくて自分たちの役に立つ。本山（2023）のPCAの7つのエッセンスにあるように、学校で行うPCAGIPが、「共創：共にいきる」を感じられる時間と空間になれたらと思う。

# 第17章

《自己への気づきのコミュニティ》
## 夢PCAGIPの実践

筒井優介

## 1．実践の方法

### （1）夢PCAGIPとは

　夢PCAGIP（筒井、2015、2020）は、PCAGIP法の実施手順を参考にして、通常個人セッションとして提供される夢フォーカシング（Gendlin, 1986/1988）をグループで実施することを試みた手法である。

　この新しい手法の着想に至った経緯については筒井（2017）に詳しいが、夢（睡眠中にみる夢）をグループで聴き合うことでより創造的に夢の意味を理解できるのではないかという考えが出発点になっている。ここでいうグループにはPCAGIP体験が発想の原点になっており（筒井、2020、5～6頁）、夢PCAGIPにおいてもグループのコンセプトはPCAGIPと同様に、PCAの基本仮説やPCAグループのコンセプトおよびスタンス（村山、2014）を参考にしている。PCAGIP法と夢PCAGIPの相違点については筒井（2015）に詳しいが、話題提供者（夢PCAGIPでは夢提供者と呼ぶ）を批判しないというスタンスや、前半（PCAGIP法における第1ラウンド）にメンバーから質問を1人1問ずつ行うという手順は同じである。違う点としては主に、扱うテーマが夢であること、ホワイトボードによる板書を行わないことがある。とくにホワイトボードの使用については、夢の状況を絵に描くなど図示することは有効

な場合もあるが、夢の内容を詳細に書くことで夢を分析しようとする思考が夢提供者やメンバーに生じてしまい、夢フォーカシングにおいて重要なフェルトセンスとのかかわりが阻害されてしまうため、夢PCAGIPでは用いない。

夢PCAGIPの実施手順を以下に示すが、紙数の関係で筒井（2016）に基づいて簡潔に示す。より詳しい手順については筒井（2020、62～63頁）もしくはウェブサイト「しまんちゅルーム」（2021）を参照いただきたい。

段階1【構造を決める】：夢提供者とファシリテーターを決め、残りの参加者をメンバーとする。役割が決まれば夢提供者の隣にファシリテーターが座り、参加者全員で円を作る。

段階2【夢を語る】：夢提供者はファシリテーターに夢の内容を語る。この時、ファシリテーターがメインリスナー（聴き手）になる。

段階3【夢の理解を確認する】：ファシリテーターは夢を一通り聴いた後、確認のために理解した内容を夢提供者に伝え返す。夢提供者はファシリテーターの理解した夢の内容が違う場合に修正し、理解を一致させる。

段階4【夢の内容について質問する】：メンバーは夢についての理解を広げるため、夢提供者に夢の内容について質問する。1人1問が原則である。夢提供者はメンバーの質問に対して、答えられるものに答える。答えたくない質問には答えなくてもよい。

段階5【感じられたことを共有する】：メンバーが1人ずつ順番に、夢の感想や思ったこと、夢を聞いて連想したこと、感じられたフェルトセンスなどを夢提供者に伝える。夢提供者は、メンバーの発言を聞いて思ったことや感じたフェルトセンスがあれば自由に述べてもよい。

段階6【夢提供者の体験過程に問いかける】：メンバーが夢提供者の体験過程に問いかけを行う。Gendlin（1986/1988）が示している夢の「質問早見表」から問いを選んでもよいし、フォーカシング以外の理論にもとづく問いかけをしてもよい。段階5と同様に連想したことやフェルトセンスを伝えてもよい。夢提供者に「どのように問いかけてもらいたいですか？」と尋ねることもできる。夢提供者は、メンバーからの問いかけによって何か浮かんで

きたら答える。

　段階7【体験のプロセスを振り返る】：メンバーが1人ずつ、体験のプロセスを振り返って、夢提供者に「メッセージ」をプレゼントする。ここでいう「メッセージ」には、夢提供者への労いの言葉や、ともに夢を体験してきた感想などが含まれる。

　段階8【クロージング】：夢PCAGIPという手法を体験した感想を1人ずつ述べて、体験をシェアする。

## （2）これまでの実践

　これまで夢PCAGIPは、ワークショップや定例の研究会で実践されてきた。それぞれの実践の概要は筒井（2020）で示したが、新型コロナウイルス感染症やそれに伴う外出自粛要請を経て在り方が変化した。本項では、定例研究会である夢PCAGIP研究会の変遷とコロナ禍以降の活動について述べる。

　夢PCAGIP研究会は2016年6月より原則毎月（2018年4月より隔月）開催し、2020年2月まで24回開催された。参加者総数46名、延べ人数145人であった。2回以上参加した者は25名で、参加者総数の過半数以上（54.3％）を占める。筒井（2020）で報告しているように主婦や会社員など心理臨床の専門家以外も頻回に参加しており、夢理解を通して相互成長するコミュニティとして機能していたことがうかがえる。

　しかし、2020年4月より緊急事態宣言が発令されたことにより対面形式での開催が叶わなくなり、夢PCAGIP研究会としての活動は休止せざるを得ない状況となった。今でこそ当たり前となったオンラインでの開催も、当時は知識もない状態であったため、準備に時間を要した。2021年度は4か月に1回、2022年度は3か月に1回の頻度でオンラインのワークショップを企画した。これまで定例研究会は平日夜に実施していたが、ワークショップは週末の日中に3時間実施した。人数が集まらなかった2回を除き、全5回の開催で、参加者総数12名、延べ人数15名であった（うち1名は4回参加した。この参加者は定例研究会でも10回以上参加している）。対面での定例研究会にも参加していた者は2名であり、ほとんどの参加者は従来夢PCAGIP研

究会を開催していた地域よりも遠方にいる方であった。

　地域性を超えてより多くの方と交流できたことはメリットを感じたものの、オンラインでの実施は対面で得られたような満足感は得られなかった。その要因の一つとして、オンラインでは誰かが発話している間、他の参加者が発言を控えなければならないことが挙げられる。複数の者が話してしまうと、どの発言も聞き取れなくなってしまうのである。対面ではある参加者の発言に感嘆した時は「おー」などの声が複数上がったり、参加者全員が突如笑い出したりといったことが起こり、それが場の空気感を醸成していた。しかし、オンラインでは上記のような音声入力／出力の問題を避けるためマイクをミュートにする参加者が複数出現するため、こうした声は拾われない。常時マイクをオンにすると生活音などが入ってしまうため、マイクオフはオンライン参加上のマナーであり、対面に近いような場づくりをオンラインで実現することは難しい。また、定例研究会は関西地域で開催していたこともあり、参加者の発言にツッコミを入れる場面も少なからずあったし、それが場の空気感を醸成する要因にもなっていた。オンラインでは上記のような問題からマイクを適宜オン・オフ切り替えする必要があり、わざわざマイクをオンにしてツッコミを入れるというのは発言の流れとタイミングを読むという非常に高度な技術が求められるのである。関西で育った身として、あえてマイクをオンにしてまでツッコミを入れるということは気恥ずかしさもあるし（まるで自分がお笑い芸人にでもなっていると周囲から思われやしないだろうかという思考が生じる）、本来ツッコミというのはある種場の流れをコントロールする（たとえば、重い空気を笑いによって軽くする）アプローチであるためそれなりの勇気が必要になると考える。

　要因としてさらに考えられることは、からだを通した他者性がオンラインでは感じられないことである。PCAGIP法や夢PCAGIPに限らず、私たちはコミュニティにおいて、言葉を発するという単なる言語情報の交流をしているわけではなく、目の前にからだをもった他者がいて、からだ同士で感じ合うことを（意識できないまでも）感受しているのではないだろうか。実際に定例会に参加していた人からも「オンラインは物足りない」という声も上がっ

ていた。対面定例会からオンライン開催まで1年の期間が空いているとはいえ、定例会参加者がほとんどオンラインに参加しなかったのはこうした要因があったのではないかと考える。

　ただし、今後オンラインのコミュニケーション・ツールも発展していく可能性があり、こうした問題が解決できる可能性もある。

## 2．固有の意義

　以上を踏まえて、夢PCAGIP固有の意義について、PCAGIP法との比較から見た意義と現代社会における意義の2点について論じる。

　PCAGIP法においても当然フェルトセンスを扱う場面もあり得るが、フェルトセンスにのみ焦点を当てるわけではない。PCAGIP法では事例の状況の理解や話題提供者の感情など、あらゆることに焦点が当たることで、事例および話題提供者を取り巻く様々な要素を多角的に理解することが可能になる。村山（2012）が示すように、PCAGIP法の背景にあるのはロジャーズが促進的態度として定義した中核3条件（自己一致、無条件の肯定的関心、共感的理解）に代表されるようなPCAの基本仮説である。一方、夢PCAGIPは夢フォーカシングの理論と実践をベースにしているため、夢提供者をはじめとした参加者（もちろんファシリテーター自身も）のフェルトセンスへの着目に重きが置かれる。Gendlin（1986/1988）はフォーカシングにおいて夢を扱うことの利点として、フォーカシング学習上難しいとされるフェルトセンスを感じ取ることが「夢を扱うと簡単にできることがよくある」と説明している。夢PCAGIPではメンバーそれぞれが夢提供者の夢について実感を伴って理解しており、そうした理解を前提として感じられたことを伝えたり（段階5）、問いかけがなされたり（段階6）している。筒井（2018）は池見（2016）の追体験と交差という概念を用いて、「メンバーの追体験が夢提供者の体験と交差する」ことで夢の新しい理解が成立すると説明している。このようにPCAGIP法と夢PCAGIPでは前提となる理論が違うため、それぞれに特有の特色がある。

また、現代社会における意義として、次の2点を検討したい。第1に、夢という曖昧な現象を扱うことが、コミュニティにおけるコミュニケーションを良好にする可能性があるということである。PCAGIP法では事例提供者に対する批判の禁止を徹底しているが、事例という現実の問題を扱うからこそ、メンバーが意図せずとも批判的なニュアンスを質問に込めてしまうことがあり、ファシリテーターはそれに対処する必要がある。夢PCAGIPは夢を扱うことから、そもそも批判が起こりにくいものである（もちろんファシリテーターとしては多様な視点が得られるよう、1つの意見に流れていくようなグループの力動には留意せねばならない）。夢を扱うように、現実の問題についてもコミュニティで取り組めると、精神的健康は保たれるのではないか。

　第2に、コロナ禍におけるオンラインでの経験から、あらためて対面で集うことの意義を問い直したい。ワークショップを開催していて感じることだが、アフターコロナの時代になって対面でのワークショップに人が戻るかと思われたが、実際は依然としてオンライン開催にニーズがあり、対面での集客は苦しい状況である。近年、Z世代を中心に「タイパ（タイムパフォーマンス）」が重視される時代ともいわれており、ワークショップにおいても時間に見合った内容や質が求められる傾向にある。しかし、実際に目の前に人がいるからこそ「話せた」「聴いてもらえた」という実感を持てたり、コミュニティに身を置いている感覚が得られたりするのではないだろうか。人は本来的に、からだを通した他者性を要求するものであると思う。だからこそ、PCAGIP法や夢PCAGIPをはじめとするコミュニティは、今後の人の支援において重要な役割を果たすのではないかと思う。

# 第4部
# PCAGIP法と現代社会

第4部　PCAGIP法と現代社会

# 第18章

## PCAGIP法の実践を通して考える現代の日本社会

藤中隆久

## 1．小中学校でのPCAGIP法の実践

### （1）小中学校でのPCAGIP実践の概略

　筆者は熊本大学教職大学院において、「生徒指導問題解決法Ⅰ」という授業を担当している。この授業では、熊本市内の小学校・中学校（熊本市外の小中学校の場合もある）に筆者と院生とが出向き、出向いた先の学校の教諭に、現在困っている生徒指導上の事例を提供してもらい、大学院生と教諭の混合集団でPCAGIP法による事例検討会を行っている。
　大学院生には事前に大学院の授業で何度かPCAGIPを経験してもらうことで、「批判しない」「メモを取らない」というルールについての十分な理解を図っている。また、経験ナシで参加する現場の教師たちにも、事前にそのルールが非常に大切なことを十分に伝えておく。しかし、いざはじめてみると、今まで経験してきた事例検討会の感覚で、その児童・生徒の問題行動の原因や、初期に有効な対応ができず問題行動にまで発展させた担任教師の対応のまずさに言及したりする教師が出現することもある。しかし、その場合はファシリテーターが、この事例検討会においては、原因を考えたり初期対応を考えたりする態度も、結局は批判することにつながると伝え、話題提供者が批判されそうな事態は極力避けるようにしている。これらの実践例は藤

中（2022）にまとめられている。

　PCAGIPによる事例検討会に参加した教師の感想として、「最初はこの子どもに反感を持っていたが、この事例検討会が終わると、共感的理解ができるようになった」「みんなが様々な質問をすることで、事例の子どものいろんな面がいろんな角度から浮かび上がってきた。1人がいい質問をするよりも、みんなの質問でいろいろ尋ねることによって、自然とこの子どもの姿を浮かび上がらせたのだと思う。すごい共同作業だと思った」などがある。また、話題提供者となった教師の感想としては、「みんなから自分の頑張りを認めてもらったようでうれしかった」「1人で考えると煮詰まってしまって、もう何もやれないという気になっていたが、PCAGIPでたくさんの人から肯定的な意見をもらえたので、意外とやれることがまだあると思えた」などがある。

## （2）集団カウンセリングとしてのPCAGIP法

　藤中（2023）は、これらの教師の感想と、PCAGIPにおける「批判しない」「メモを取らない」「時間をかける」というルールをもとに、PCAGIPとは話題提供者に対する集団カウンセリングでもあるとの考察を述べている。また、吉見（2016）がマックス・ウェーバーの述べる2つの学問論（「目的遂行のための学問」と「価値の創造のための学問」）を援用して、理系の学問が目的遂行、文系の学問が価値の創造と論じているその論を、藤中（2023：村山ら、2024）はさらに発展させ、カウンセリングも「目的遂行（問題解決）のためのカウンセリング」と「価値の創造のためのカウンセリング」との2つに分類されるとの論を展開させ、PCAGIPは「価値の創造のためのカウンセリング」であるとも論じている。

　筆者が実践している小中学校でのPCAGIP実践で提供された事例で、提供者となった教師はみんな、子どもが起こす問題にとても困っている。中には、「自分の20年の教員人生において一、二を争うぐらい困っている事例を出した」と打ち明けてくれた教師もいる。提供された事例は、「友だちに対する暴力や暴言がひどい。なぜこんなひどい言葉を使えるのか不思議なくら

いである」「忘れ物が多い。家庭も無頓着で学校からの連絡帳も読んでいる形跡がまったくない」「日々の生活態度がだらけていて、やる気がまるで見られない」「不登校の生徒宅へ家庭訪問を繰り返すのだが、まったく登校させられそうにない」などである。

### （3）価値の創造のためのカウンセリング

　これらの問題に対して、「友達と喧嘩をしなくなるために教師はどう指導するべきか？」「忘れ物をなくすためには教師に何ができるか？」「生活態度を改めさせ、やる気を出させるためには教師がとるべき方法は？」「子どもを登校させるための教師の家庭訪問」のやり方などをみんなで考えれば、「問題解決のためのカウンセリング」となる。しかし、このような問題を解決できるよい方法など、はたして存在するだろうか。やる気のない生徒がやる気を出すような教師の素晴らしい働きかけが事例検討会で明らかになるようには筆者には思えない。あるいは、忘れ物ばかりしている児童が忘れ物をしなくなり、無頓着だった家庭が熱心にかかわってくれるようになる素晴らしい解決案が事例検討会によって明らかになるとも筆者には思えない。

　むしろ、学校という場は、このような問題はつねに存在していて、よい解決策は見いだせないままに、しかし教師たちは日々頑張っているのが常態だといってもよいのではないだろうか。とすれば、この場合の問題は、生徒指導上の問題を教師が解決できないことではないと筆者には感じられるのである。この場合の問題は、常態として存在している難しい問題の解決を要求されるが、解決できずにいることにより、教師が自らの教師としての価値を見失うことにあるのではないかと筆者には感じられるのである。

### （4）結論よりもプロセスの体験

　PCAGIPで話題提供してくれたほとんどの教師は、当初は自らの至らなさを述べる。自分が教師として未熟であるがゆえに、効果的な対策が打てずにいるというストーリーを語る。しかし、完璧な人間が存在しないように、完璧な教師も存在しない。ほとんどの教師が何らかの至らなさを抱えながらも、

教師生活を送っているのである。それを克服しようとする努力は尊いのだろうが、克服はできなくても自分にできることを一生懸命にやりながら教師として生きてきたのであれば、それも十分に尊いことである。教師として生きてゆくためには、そのように考えることも必要である。しかし、いくら他者が「あなたは一生懸命にやっている、あなたには教師としての価値がある」と力説したところで、本人自身がそうは思えないということであれば、無意味である。PCAGIP法の事例検討会で参加者からの様々な質問を話題提供者が一生懸命に考え、真摯に答え、その答えを受けて、参加者からさらなる質問がなされ、話題提供者は質問をさらに考えて答えて、という繰り返しの中で、参加者も話題提供者の頑張りや価値を徐々に実感できるようになってゆくのである。また、その繰り返しの中で、話題提供者自身も自らの教師としての価値を再認識できるのである。

　PCAGIPとはこのプロセスを金魚も、記録係も、ファシリテーターも、話題提供者もじっくりと体験できる場なのである。決して良い解決策を出すためになされるものではないと筆者には感じられる。筆者が参加したあるPCAGIPで、2時間かけて検討した結果、最後になって「そんなに、頑張らないでいいじゃないか」という結論が出されたことがある。この結論に話題提供者は心底嬉しそうで、涙を流さんばかりであった。考えてみれば「頑張らないでもいい」などという結論は、5分もあれば出せるようなものである。しかし、5分の議論の末に「頑張らなくてもいい」という結論が出されたところで、この話題提供者はこれほどの喜びを感じることはなかったはずである。PCAGIPで2時間かけてプロセスを体験したからこそ、そこで出てきた「頑張らなくてもいい」というこの当たり前で単純な結論が、話題提供者の胸に響く言葉となったのである。つまり、ここでは「頑張らなくていい」という結論が素晴らしかった訳ではない。PCAGIPを2時間体験するそのプロセスが話題提供者には素晴らしかったのである。そのプロセスを体験したからこそ「頑張らなくてもいい」という結論が、今、現在困っている話題提供者の胸を打つものとなったのである。それによってここまで一生懸命に頑張ってきた自らの価値を再認識できたのである。

## ２．現代の学校においてPCAGIP法が必要とされる理由

### （１）問題解決志向が強い現代の学校

　筆者は学校現場でのPCAGIPを、今までに30回程度は経験した。筆者が経験したすべての回で、この方法が支持されたといっても過言ではない。若手の教師が話題提供者になるケースが多いのだが、なぜ、これほどまでに学校現場のとくに若い先生たちにPCAGIPが支持されたのだろうか。これは、現在の学校が、教師自身が教師としての価値を見失ってしまう場所になっているからではないかと思われる。

　朝日新聞デジタル版の久永（2023）の記事によれば、2022年度の文部科学省の統計調査において、教員の病気休職者に占める精神疾患の割合は高止まりしているといってよい。その内訳をみてみると、とくに20代、30代のいわゆる若手と言われる教員の精神疾患による病休がふえている。慢性的な教員不足、教員の多忙化、困難になってきている保護者対応、難しくなった学級経営、多くの学校で20代、30代の教員が少ない年齢構成となっていることなど、多様な問題が学校現場には増えてきている。このような問題を数多く抱えている学校で、経験も教育技術もまだ十分とはいえない若手教員が、中堅、ベテランに比べて、精神疾患を患いやすくなるのは想像に難くない。

　そのような状態に加えて、近年の学校においては、問題解決志向が強くなってきていると感じられる。もともと、学校は問題解決志向が強い場所だったはずである。子どもたちに問題解決能力を身につけさせることこそが学校の役割であると考える学校関係者は多いであろう。そのように、多くの教員が問題解決を重要視するもともとの土壌があった上に、さらに近年、前述した様々な問題が数多く発生するようになってきたので、それを解決しなければいけないという意識も強まってきて、学校の問題解決志向は右肩上がりで強くなってきているように筆者には感じられる。筆者が大学院の生徒指導関連の授業において「学校での、非行少年の矯正教育は難しい」という趣旨の話をしたことがある。ところが、教育委員会から派遣されて大学院で学

んでいるある中学校の現職教員から、「そのような考えは学校現場では受け入れられない」と反論された。しかし、学校はそもそも非行少年の矯正施設ではないはずである。非行少年の矯正のための設備が普通の公立中学校に備わっているわけではない。非行少年の矯正教育ができる専門家が普通の公立中学にいるわけでもない。非行少年の矯正教育ができる法律的基盤が普通の公立中学で整えられているわけでもない。にもかかわらず、非行少年の矯正もしようと考えているのは、教師の問題解決志向の強さだろうと思われる。普通の公立中学校で非行少年の矯正教育をしようという教師の心がけは立派であるのかもしれないが、その問題解決志向が自らを苦しめることになっているのではないだろうか。

　筆者がPCAGIPを実践している教職大学院の授業科目に「生徒指導問題解決法」と名付けたのも、学校の先生たちの問題解決志向の強さを見越したからである。そして、受講する中で受講生自身に自らの問題解決志向の強さを見直してもらいたいとも考えたのである。さらには、受講生には問題解決志向が強すぎることが、自らを苦しめ、自らの教師としての価値を見失わせることにつながることを伝えたいとも考えたのである。

（2）問題解決志向と価値の喪失

　学校現場でPCAGIPを実践する時に、ファシリテーターが最も気を配るべきことは「批判しない」というルールの徹底である。教師には問題解決志向が根強くあるのだが、問題解決志向が強ければ批判的にならざるを得ないからである。たとえば、前述した暴力や暴言を吐く児童の事例では、「その子が暴言を言ったとき、担任教師としてどのような対応を取りましたか」という質問がされる可能性がある。問題解決のためには、まずは子どもが問題行動をとる原因を明らかにして、それが教室で継続している原因も明らかにして、それらの原因を止めることで問題行動もおさまるという道筋で教師は考えがちだから、このような質問をしたくなるのである。この子の暴言や暴力が現在も続いている以上、教師はそれを止められていないのは事実である。暴言・暴力が続く原因を考えれば、最終的には何らかの教師の至らなさに落

ち着く。その至らなさは改善されるべきことであり、それを改善することが問題解決につながるという結論に到達する。つまり、問題解決志向ならば原因を明らかにするための質問をせざるを得ないし、明らかにしてゆく過程で必ず教師の落ち度は見つかるはずだし、そこを改善するべきだという結論に到達する。このようなやり取りにさらされる話題提供者は、たとえ直接的な批判はされなくても、事例検討会の間は、じわじわと落ち度を指摘され続ける経験をすることになるのである。生徒指導の問題は、そもそも解決が困難なものが多い。しかし、そこに問題が存在する以上、解決に向けて努力するべきであり、解決できていないのならば、それは、教師としての能力か努力か熱意か愛情か何かが足らないという解釈がなされる。このような合理的な解釈が教師集団で合意され、自らもその解釈に合意し、結果として自分には教師として価値がないと思い始める。これは誰にとっても不幸なことであろう。

　社会が複雑になれば、学校でも問題の発生件数は増える。問題数が増えれば、問題解決志向がますます強くなる。解決困難な問題も増える。解決困難な問題が増えれば問題解決志向がますます強くなり、しかし困難な問題に問題解決志向で立ち向かい解決できなくて、これが教師を疲弊させる。解決が困難な問題が増えている学校だからこそ、問題解決志向の事例検討会よりも、PCAGIPのような教師が自らの価値を再発見できる事例検討会が必要なのではないだろうか。

## 3．社会の問題解決志向の強さ

（1）問題解決志向と効率化
　学校だけが問題解決志向が強いわけではない。現代社会は、そのほとんどが学校教育を受けた人で構成されているので、現代社会の問題解決志向も強くて当然である。そして、社会の問題解決志向の強さが、学校の問題解決志向を強くしているともいえる。
　ある自治体で職場の困った事例について、PCAGIPをやってみたいという

相談を受けたことがある。しかし、45分でやりたいという提案だったのでお断りをした。どこの職場も忙しく、事例検討会に120分もかけられない事情は筆者も理解している。しかし、さすがに45分でPCAGIPをちゃんとやるのは無理だと思われる。45分でPCAGIPをやれると考えることが、すなわち問題解決志向ではないだろうか。問題解決の案を出すための事例検討会ならば、いかによい案をいかに短時間で出せるかが大切になる。45分で問題解決の名案が出せるのならそっちの方がいい。30分で出せればさらによい。このような考え方は、現代社会においてはどこの職場にも強く存在している。筆者は仕事の効率化に反対しているわけではない。効率化は必要であり、どこの職場においても働き方改革は大切である。しかし、価値の創造のためのPCAGIPは、45分ではできない。効率化できるものは効率化する必要がある。しかし、すべてが効率化できるわけではないと考える必要もある。解決できる問題は解決に向けて努力し、解決できない問題は解決しようとしないこと。あらゆる問題は解決できるはずであり、解決を志向するべきであるとの考えはやめた方がいい。

## （2）問題解決志向と明確化

　問題解決志向とは、問題の原因を明らかにし問題が継続する原因を明らかにしたり、問題を解決する方法を明らかにすることである。だから、明確化することが問題解決志向の重要なファクターであると言える。しかし、すべてを明確化することが、はたしてそこに生きる人に幸せをもたらすと言えるのだろうか。

　前京大総長の山極壽一氏が、総長に就任した際のインタビューで現代社会の問題を尋ねられて、「勝ち負けをつけすぎる」と答えている。ニホンザルのトラブルの解消方法の「勝ち負けをつける」やり方と、ゴリラの「負けない」というやり方を比較して、今の人間社会は「負けないでいること」と「勝つこと」の2つを混同して人間社会も勝ち負けをつける方向に向かっているような気がする。この2つはゴールが違うはずである。トラブルの解消法は「勝ち負けをつける」のが一番簡単なやり方であるが、それはギスギス

して生きづらい社会になるという趣旨のことを述べている。

(3) 生産性を上げようとして失われるもの

　筆者にも、今の社会は効率化志向、勝ち負けをつける志向、明確化志向、問題解決志向がいきすぎているように感じられる。これらの志向は、どれもが生産性を上げるために必要な志向といってよい。それらの志向をやめれば、その社会の生産性は落ちるであろう。生産性を上げることの大切さは筆者も理解しているので、これらを全面的にやめるべきだと主張したいのではない。生産性を上げるために、効率化できないことまで効率化しようとし、つけるべきではない勝ち負けまでつけようとし、明確化できないことまで明確化しようとし、問題解決できないことまで問題解決しようすると、その社会は人間が自らの価値を見失った誰にとっても生きづらい社会になるであろうから、それをやめるべきだと主張したいのである。生産性が高いが息苦しい社会を作るのか、生産性は低いが気楽な社会を作るのか、という問いは不毛である。生産性が高くて住みやすい社会を作るべきなのである。そのためにはできる範囲の効率化、明確化、勝ち負け、問題解決はする必要がある。しかし、効率化、明確化、勝ち負け、問題解決ができないこともあるのだと認識し、できないことまではやろうとしないという考えも絶対に必要である。

## 4．もう1つの問題解決

　解決できない問題が常在しているにもかかわらず、問題解決志向が強い学校という場だからこそ、PCAGIPの必要性は高いと言える。しかし、問題解決志向が強い教師たちは、問題解決していない状態が続いていることに耐えられないのではないだろうか。ある中学校でPCAGIPの「批判しない」というルールを説明したときに、そんなやり方にいったい何の意味があるのかという反応をされたことがある。批判を一切せずに問題解決ができるとも思えないし、問題解決ができない事例検討会などやる意味がないという趣旨であった。しかし、実際に経験してみると、その発言をした教師はPCAGIP

をとても評価するようになった。「問題は解決しそうにないが、気分はよくなった」とのことであった。

　問題解決できない状態が続くことに耐えてゆく能力、これが、ネガティブケイパビリティという概念である。帚木（2017）は、この概念が精神科医としての自分を支え続けてくれたことを述べている。学校でPCAGIPを実施することで、参加の教師たちのネガティブケイパビリティの意識を高めるという成果も上がるのではないかと思われる。教師たちのネガティブケイパビリティの意識が高まることは、学校現場にとっては形を変えたもう1つの問題解決ともいえるのではないだろうか。

# 第19章

## フロア参加者間における力動の観点
―― 何が起こっているのか

中田行重

## 1．話題提供者が主人公

　従来の事例検討会では講師が事例提供者に"指導"したり、フロア参加者がコメントしたりする。その指導やコメントの仕方にPCAGIP法のグランドルールのようなものはない。そこに事例提供者が傷ついたり、意見の強い人が場を支配したり、という"心理的暴力"が起こる余地が生まれる。その点、PCAGIP法は話題提供者が主役（村山、2012）のグループ、つまり話題提供者センタード・グループであることを明確にしている。グランドルールがそのような暴力を未然に防ぐ。指導やコメントがただ慣習的に行われる事例検討会と違って、明確なルールとして参加者間で共有されている。
　しかし、これはファシリテーターが手順的にただ伝え、従わせるだけのルールではない。話題提供者センタードであることに立ち返るためにある。法律の専門家でもない私が言うのは憚られるが、喩えるなら、国民主権の原則を条文化した憲法のようなものである。憲法の1つひとつの条文に深い意味が込められているように、「話題提供者が主人公」「ヒントさえ出ればよい」などの理念とグランドルールそれぞれの意味を深く感じ取る必要がある。たとえば「ヒントさえ出ればよい」ことの意味を実感したことのない人がファシリテーターをしたら、さぞかし無味乾燥なPCAGIP法になるだろう。

第 19 章　フロア参加者間における力動の観点

　私が悲観的過ぎるのかもしれないが、クライエント中心療法／パーソン・センタード・セラピーが頷いて言葉を繰り返すだけという誤解に覆われたのと同様に、PCAGIP法はグランドルールに従って順に発言していきさえすればよい、という誤解が広がる可能性がないとは言えない。C. R. Rogersはベーシック・エンカウンター・グループ（BEG）を20世紀最大の発明と言ったらしい。最大かどうかを判断する力は私にはないが、PCAGIP法も同様に大きな発明のように思える。その価値を誤解に埋もれさせてはいけない。
　とは言っても、「話題提供者が主役」という理念だけなら、他学派にも同じ理念で事例検討をしている、と考える人はいるだろう。その点、PCAGIP法は「話題提供者が主役である」ことを理念だけで終わらせない。すなわち、フロア参加者は話題提供者を批判しない、ノートを取らない、1人が1つの質問だけをする、ことをグランドルールにしている。
　ところが、「話題提供者が主役」という考え方を押し進め過ぎると、フロア参加者は話題提供者が気づくためのわき役どころか道具に過ぎない、という考えにもなりかねない。その点、グランドルールはフロア参加者にとっても大事な意味があるように思える。私がPCAGIP法を大きな発明と思うのは、フロア参加者における意味も考えてのことである。

## 2．フロア参加者にとってのグランドルールの意味

### （1）潜在力・可能性を信じて任せる
　同じPCA（パーソン・センタード・アプローチ）のグループでもBEGではPCAの「人の潜在力・可能性を信じる」という理念の反映の一つとして、個々のメンバーが自由に発言できる（しないでもよい）場が提供される。そして、メンバーを信じるからこそ、メンバー間で自由な相互作用が起こる場が提供される。一方で、PCAGIP法で各フロア参加者ができるのは1回に1つの質問であり、話題提供者はそれに対して答える、という形式が定まっている（もちろん、答えたくないことは答えなくてもよいこともルールとして伝えられている）。当然、BEG的な自由な発言や相互作用が起こる場にはならない。し

かし、話題提供者が自ら気づいて学んでいくという潜在力・可能性を信じるからこそ、この形になっている。PCAGIP法には話題提供者を「信じる」だけでなく、そこに話題提供者に「任せる」という面も加わる。たとえば、ホワイトボードを話題提供者が見つめ考えている時間がある。その時、ファシリテーターもフロア参加者も何もコメントを差しはさまない。話題提供者が何を学ぶかを話題提供者その人に委ねているからである。

　重要なのは、信じて任せるという形があること自体が話題提供者を支える雰囲気を作り出していることである。これが単なる手続きであれば、その間、フロア参加者はただ待つばかりであるが、いい雰囲気で進むPCAGIP法においては「話題提供者を何かエンパワーメントするような気づきなり把握感が生まれるといいな（生まれるだろう）」という希望と信頼がフロア参加者の沈黙の中に起こっている空気感がある。

### （2）発言の機会の保障とかかわる責任

　フロア側の参加者がそれぞれ1回に1つ、しかも質問しかできないというルールはある意味で制約とも言えるであろう。しかし、これが「制約」と感じられるのは沢山のことを言いたい人にとってであって、参加者はそういう人ばかりではない。質問が浮かばない人や人前での発言が苦手な人にとって、とりあえず1つの質問でいいのは居やすく感じるであろう。通常の研修会であれば発言したくてもできない人にとって、必ず発言の機会があるのは恩恵だろう。また、通常の事例検討会であれば「意味ある質問をしなければいけない。つまらないことは訊けない」というプレッシャーがかかりそうでも、PCAGIP法なら質問しやすい。ファシリテーターから「単純なことでも自分には気になる、と思うような質問でもいいですよ」等のことが言語的、非言語的に伝わっているからである。

　PCAGIP法はそういう人にも発言の機会が保障されているだけでなく、その発言に対して話題提供者が返事をするという手順が用意されている。ただし手順とはいえ、雰囲気としては単なる手順ではない。話題提供者にはフロア参加者からの発言は質問という形の、しかも批判的でない質問が1つずつ

## 第 19 章　フロア参加者間における力動の観点

届く。話題提供者にしてみると答えようという意欲が自発しやすいだろう。一方で発言が苦手なフロア参加者にしてみると、自分の発言（質問）が聞き届けられ、返事までもらえるのだから、自己効力感が静かに湧き出すだろう。その意味はけっして小さくない。つまり、PCAGIP法はフロア参加者も参加しやすく、発言してよかったと思える配慮が手順の中に埋め込まれている。

　さらには、1回に1つの質問というルールには別の意味もある。世の中には自分の伝えたいことを一方的に伝えて相手に発言をさせない人や、善意からであっても言い過ぎる人がいる。その点、1回に1つ、しかも質問という形を取っていることは、「言い過ぎないようにしてね」という配慮のブレーキと「参加するからには黙ってないで1つくらいは何か言ってね」という責任の両方を形にしている。

　PCAGIP法には指導者たる人がいないが、いないのはそれだけではない。1人が1回に1つの質問というルールのため、フロア参加者の中に「意見が強い人」や「鋭く正しい意見を言う人」も出現しない。それは、「意見が強い／鋭く正しい意見を言う」人とそうでない人、というフロア参加者間の差が生まれない構造をも作り出している。

　しかも、その場ではノートを取らないことになっている。頭に浮かぶ考えをノートに取るのは自分個人の内的な勉強スペースを作ることである。観察者の姿勢に身を置く（逃げる）ことになる。微かな内的体験であるが、これがグループの雰囲気に影響する。PCAGIP法は責任をもってかかわる人であることを求める。また、ノートを取ってよいということになると、たとえば、フロア参加者のある質問や話題提供者のある返事を数名の参加者が一斉にメモしたりすると、話題提供者は、この質問や自分のこの発言は大事なんだ、と思うだろう。そうなると話題提供者は自分に感じられたフェルトセンスで考えることから離れてしまう。これは価値の条件（Rogers, 1959/2001）である。これはフロア参加者にも伝わる。つまり、PCAGIP法は非言語の相互作用から生起し得る価値の条件を、1人が1回に1つの質問というルールによって排除しているのである。

## （3）フロア参加者間の力動の微妙な変化

　ここまで述べてきたのも空気感であったが、さらに微かな空気感がある。非言語のオーラレベルの相互作用である。私個人のやや主観的過ぎる感じ方かもしれないが、私には重要な観点というより、「感点」である。普段あまり発言しない人でも、PCAGIP法には1人が1つの質問というルールがあるので口を開くことになる。これはたんに発言の機会を公平にしているだけではない。その人が口を開くことでフロアの空気感が微妙に変わる。たとえば、PCAGIP法を職場や研究会の仲間で行うと、「あっ、あの人はこういうことを考えるんだ」という感想が他のフロア参加者の顔に微かに浮かんだりする（ような気が私はする）。その上、普段あまりしゃべらない人であってもその質問に対して話題提供者からの返事がある。この、話題提供→質問→返事というコミュニケーションが、普段よくしゃべる人が質問する場合と何ら変わらず起こるのである。しかも、「あなたは普段あまりしゃべらないけど、そういうことを考えているんですね」というような感想を言われることもなく、当たり前のこととして受けとめられる。そのことを通じて人目を気にして発言に躊躇があった人も、多様な考えの中の1つとして自分の質問（考え方）があっていいことが体験的にわかる。周囲にも、普段あまりしゃべらない人が1人の人間として尊重される空気感が生まれている（のを私は感じる）。BEGでも同じような空気感が生まれることはあるが、PCAGIP法ではグランドルールによって生まれる、とも言えるだろう。

　その反対に、普段からよく発言する人には1人につき1回の質問というルールは「制約」と感じられることがあっても、自分の質問に対して話題提供者からきちんと答えてもらうことによって、普段とは異なるコミュニケーションを体験する。周囲のフロア参加者にしてみると、普段はよくしゃべる人がしゃべり過ぎにならず、他の参加者と同じ質問という形式で発言している。そして、同じように話題提供者から返事をもらい、受け止めている。周囲のフロア参加者はその様子を目にし、普段あまりしゃべらない人の質問にもよくしゃべる人の質問にも、同じように耳を傾ける。これもBEGとは異なるPCAGIP法固有の空気感である。

フロアの空気感が変化するこのプロセスを体験することを通して、フロアの参加者にはこのグループに、自分がそれまで漠然と想定していたグループコミュニティと別のあり方があり得ることが感覚として入ってきている（ように思える）。その新たな空気感の中で、多様な考えの中における自分の考えの位置や、グループに自分が1人の個人として存在していいこと、意見や自己開示でなく質問でも豊かな対話になること等を感覚で知るのである。

　フロア参加者から出てくる質問は様々である。そして、それぞれの質問が他のフロアの参加者や話題提供者から同じように傾聴される。言い換えると様々に異なる質問のいずれもが、誰からも「それは優れた質問ですね」などと優劣の判断をつけられずにそのまま傾聴される。それによって、多様な意見が共存する空気感が作られていく。

## 3．PCAGIP法参加者のニーズと向き合って

　個人的なことだが、私はPCAGIP法の研修会の講師を行う際、すでにPCAGIP法のファシリテーターを経験している人が参加するような場は難しく感じることがある。それは「話題提供者が気づきを得るために、ファシリテーターはどうやったらいいか」という技法論的な視線をもって参加してくる人が多い場合である。私としてはその気持ちはわかる。それを学びたいというニーズのためにお金と時間をかけて来たのだから当然である。しかし、その人たちがPCAGIPのセッションにフロアの一員として参加すると、「その話題提供者のために何とかしてあげたい～」という側面がやや後退する感じになって、それが質問や雰囲気に影響することがある。Mearns & Cooper（2018/2021）が深い関係性relational depthにおける「純粋なケア」と呼んだ側面である。「ヒントさえ出ればいい」と言うが、結果的に「ヒントさえ出なかった」こともあった。参加者の方々には申し訳なく思っている。そういう場合にどうするかは今も思案中であるが、私がフロア参加者間の微妙な空気感までも感知しようとするようになったのはそのためである。

　フロア参加者間で起こる上述した力動は、その力動の観点の1つに過ぎな

い。グランドルールがあってもフロア参加者間で起こる力動はほかにも沢山、いやグループの数だけあるだろう。たとえば、知らない人たちがはじめて集まる場合と、知っている人同士ですでに何度もやっている場合では当然違うだろうし、行われる文脈によっても違って当然である。力動の観点の1つに過ぎないそれをあえて書いたのは、その言語／非言語の絡まった相互作用にファシリテーターが注意を向けることの意味を伝えるためである。

　参加者全体の真の感想はわかりづらい。たとえば、PCAGIP法の研修会やワークショップで終了後に参加者の感想を書いてもらう場合、寄せられた感想が良好であれば（実際、概ね良好であることが多い）、講師やファシリテーターを務めた者としては「ああよかった」と思いがちである。しかし、ポジティブな感想を持たない参加者は感想など書かずに（あるいは一言だけで）その場を立ち去る人も多い。従来の事例検討法のアンチテーゼとして生まれてきたPCAGIP法としては、できるだけそういう場にしたくない。本書を読むと、そんなことは考えなくてもやっていけそうなファシリテーターもいるが、PCAGIP法が行われる文脈や参加者層に合わせた工夫や配慮を行う観点の1つとしてフロア参加者に起こる力動は注目して損はないと思う。

　最後に、PCAGIP法をやる人から見れば、何をバカなことを、と思われるかもしれないことを覚悟の上で、グランドルールを含めたPCAGIP法の枠組みについて参加者のニーズの点から考えておきたい。「話題提供者が主役」「ヒントさえ出ればよい」という理念はPCAGIP法における重要な柱ではあっても、それがフロア参加者のニーズに合致するとは限らない。PCAGIP法の限界の1つである。たとえば「PCAGIP法ではヒントさえ出ればよい、と言うが、自分はもっと明確な答えが欲しかった」という人もいる。どんな方法であっても全員のニーズを100％満たしたりすることはおそらくできない。また、ファシリテーションをしながらそこまで留意するのは頭が忙しすぎる。しかし、少なくとも参加者それぞれがPCAGIP法を自身のニーズの点からどう考えているのかに留意する気持ちくらいは持っておく方がよい、と私は思う。もちろん、PCAGIP法を体験したことで今まで気づかなかった自身のニーズに気づいたり、新たに湧き上がったりする人もいる。それは

PCAGIP法の限界ではなく、効果と考えていいだろう。要するにニーズは1人ひとり違うし、変化もする。そういうことを含めて参加者のニーズとPCAGIP法やグランドルールの関係について考え続けるのが、1人ひとりを大事にする「パーソン・センタード」であろうと私は考えている。

第4部　PCAGIP法と現代社会

# 第20章

# PCAGIP法の研究

上西裕之

## 1．PCAGIP法の研究の推移

　PCAGIP法に関する研究は、村山ら（2008a, 2008b）による報告以降、様々な種類の報告や研究がなされてきている。並木・小野（2016）や中山ら（2023）の文献リストの公開以降も研究論文や学会発表は増加しており、2024年4月現在、筆者が調べるところでは、書籍・映像教材は4本、論文は66本、学会発表としては30本がある。PCAGIP法の適応領域や対象も多岐にわたり、原法を発展させた方法も提案され、PCAGIP法の研究が加速している。本章では現在のPCAGIP法の研究について概観する。

## 2．PCAGIP法の黎明期としての村山正治らの研究

　PCAGIP法は、村山ら（2008a, 2008b）の一連の研究がその端緒である。一連の研究の提示方法は次のような独特のプロセスを経て、発展してきたものである。
　村山ら（2008a）は、PCAGIP法の基本的な考え、具体的な実施方法に関する3段階ステップ（①話題提供者とその事例の理解に徹する、②援助・指導の見立てと見通しを立てる、③実際のかかわりをイメージする）を説明し、事例の概要を

提示している。村山ら（2008b）では、村山ら（2008a）の事例の完全な逐語記録を示している（一部は村山（2012a）に収載）。村山ら（2009）は1．PCAGIP法の定義、2．基本的姿勢、3．PCAGIP法の実施プロセスを整理し、事例検討の概要、話題提供者、記録者、参加者の体験報告に加えて、完成原稿をメンバーが再読した際のコメントが載せられている。村山ら（2010）は定義を更新し、村山ら（2009）の事例の逐語記録が示される。また、村山ら（2012）では2事例の逐語記録と参加者の感想が提示されている。村山ら（2013）は、事例の概要と参加者の体験報告と1週間後のフィードバックセッションの記録が記載されている。

　このように村山らによる一連のPCAGIP法に関する初期研究は、実施方法の解説、定義、基本的姿勢、プロセスなど理論的整理を行うとともに、それらを下支えするデータとして事例の概要、逐語記録、各役割の参加者の体験報告などが示されている。さらに原稿を読んだメンバーの感想やフィードバックセッションなどメンバーの声が示されている。このように事例概要や逐語記録などの客観的な情報だけでなく、種々の角度からの参加者の主観的記録を分厚く提示し、そこに生じている現象を描き出すことに注力されている。村山ら（2012）は事例資料を提供することの意義として「ファシリテーターの的外れな発言などもあり、忸怩たる思いもある。しかし、『事実は味方』である」「ナマの記録に直に接することが何より厳しい訓練であると認識している」と述べており、事実を並べ、生の記録を積み重ねることによってPCAGIP法がどのような体験なのかを丹念に描き出そうとしている点が特徴である。

## 3．PCAGIP法の研究領域

　PCAGIP法は臨床心理学を専攻する大学院のケースカンファレンスにおいて、話題提供者を「被告にしない」「元気にする」、新しいケースカンファレンスのあり方として提案されたものである。そのため、PCAGIP法は大学教育を中心に始められたが、現在ではPCAGIP法が応用される領域が段階的

に広まっている。本書ではPCAGIP法の様々な領域への広がりを展望しているが、本章は各領域からいくつか研究を紹介し、どのように展開してきたかを紹介する。

### （1）大学・大学院教育、心理臨床センターでの応用

　大学や大学院でのPCAGIP法の実施については、上記の村山らによる一連の濃厚な資料がある。先発書の村山（2012b）でも、大学の講座で複数の金魚鉢を設置したPCAGIP法の過程が示されている。また、本書第3章でも臨床心理士・公認心理師養成大学院の授業での展開が示されている。

　それ以外の研究として、村上ら（2015）は、大学の付属の臨床心理相談研究センターで大学院生と大学院教員が担当する母子並行面接の臨床カンファレンスの事例検討にPCAGIP法を取り入れている。PCAGIP法のプロセスには、①大学院生が安全を感じながら教員と「等価な視点」を意識することで、②両者が共有できていない情報を相補的に共有すること、③両者の関係性を良好に保ち、④参加者との「共創プロセス」が事例への意識を一層柔軟にして気付きをもたらすなどの効果が考察されている。仙頭・深津（2014）は心理学部に付属する心理臨床センターのスタッフ研修にPCAGIP法を取り入れ、従来のケースカンファレンスと比較検討を行っている。その結果、PCAGIP法は、①初学者に発言機会を確保したい場合、②自由な視点から多様な発言を保証したい場合に有効であることが示されている。

### （2）大学関連以外での応用
①教育領域（学校現場）

　本書第2章にもスクールカウンセリングでの実践について述べられているが、その他の研究について概要と配慮を要する点を示す。坂本（2011）はスクールカウンセリングに関する教員研修として事例検討にPCAGIP法を応用し、スクールカウンセラーと教員の連携強化やチームでかかわる経験、教員自身の学校経営や児童とのかかわりへの予防的アプローチなどの効果を見出している。渡辺（2012）は、学校現場の教員を対象にPCAGIP法を不登校

の事例検討に用い、①第1〜第3ステップのプロセスの報告を行い、②参加者の感想として「和気あいあいとした雰囲気の中で話題提供者はもちろんのこと、参加者一人ひとりにも自分なりの気づきが生まれてきた」ことを報告している。藤中（2022）は大学院の授業でPCAGIP法を経験した現役教職員が所属する小学校・中学校においてPCAGIP法を行った経過を示している。PCAGIP法による事例検討の実施に際し、管理職にお願いすることや、教職大学院所属の実務家教員（校長経験者）から実施校の校長にうまく伝えてもらうなど、教育現場でPCAGIP法を実践するためのコツが示されている。またPCAGIP法によって「事例の理解の深まり」「事例に対する視野の広がり」「参加者全体の共同意識の高まり」「話題提供者の自己肯定感の高まり」「話題提供者の被受容感の高まり」「話題提供者の自己効力感の高まり」などが生じるが、これらの効果が出現するには120分は必要であるが教育現場では、時間確保が非常に困難であることを指摘している。このように教育分野では教員研修において効果が示されているが、その実践にはコツや時間的な配慮が必要である。

②保健・医療領域（精神科医療・療育など）

　保健・医療領域では精神科のケースワークや医療従事者のメンタルヘルスケアに応用されている。

　押江ら（2010）は、精神科ソーシャルワーカーと心理職による協働にPCAGIP法を応用した。その結果、「自分1人では絶対に起こらない発想や、それを聞いてさらに聞きたくなる」「ほどよい緊張感」「真剣だが険悪でない空気」があり、「何事も『安心感』『否定されない』ということは話をしていく上でとても大事なポイントである」等の体験報告を示している。野村・村山（2021）は総合病院で医療従事者のメンタルヘルスケアの一環として院内の勉強会や研修会等の機会に4年間、19回のPCAGIP法を実施し、①PCAGIP法の3つのグランドルールによって安心安全な場が提供される仕組みがあること、②また、PCAGIP法が「一次予防」としてだけでなく、健康な人がさらに元気になる「0次予防」として機能し、自他共の資源への気付

きや、モチベーションや自己効力感の向上につながることを指摘している（第7章参照）。

③福祉領域

　福祉領域でのPCAGIP法の応用のされ方は、職員を対象に事例検討の方法として用いる場合と、PCAGIP法自体を当事者へのアプローチとして用いる場合がある。

　職員対象としては、井出（2013）は児童養護施設において"機能する事例検討会"としてPCAGIP法を応用し、ケースカンファレンスの意識の変化やその意義、業務の変化を報告している（第9章参照）。波多江ら（2022）も児童養護施設職員等にPCAGIP法を実施し、安全な雰囲気が成立しやすく、職員等の心理的健康に肯定的な影響を与えることや、良好なチームワークの形成、職員の聞き手としての能力の向上、情報が少ないがゆえに、内的世界を想像する訓練の場として適していることを長所として挙げている。足利（2017）は、1人で患者・利用者宅へ訪問することが多い医療・福祉の専門職の事例検討の方法としてPCAGIP法を行うことで、話題提供者が「ひとりで問題を抱え込まずに、安心した雰囲気の中で自己開示される場を提供され、そこで多くのヒントを得ることができる」ことを示している（第8章参照）。

　当事者へのアプローチとしては、宇都宮（2014）は発達支援センターにおいて、障碍を持つ子どもの母親への支援としてグループによるPCAGIP法の導入を報告している。メンバーが順番に質問することで安全にグループに参加でき、丁寧に聞いてもらえることが育児への自信等につながることを考察している。

④産業・行政領域

　産業・行政の領域では、既刊の中田（2012a）は「管理職のための心理的アプローチ」に関する事例が示されており、本書ではキャリアにかかわる対人援助職向けのトレーニング（第4章）、産業カウンセラーの事例検討（第5章）、

経営コンサルタントによる企業支援／強み発見（第6章）が示されている。

湯本（2013）は市役所役員を対象に「PCAGIP法で育てよう元気の芽！」研修会を企画し、話題提供者は「私の仕事」「私はこんな人」「私が今悩んでいること」についてPCAGIP法を実施した。その結果、PCAGIP法にはスムーズな相互理解に基づく信頼関係の構築の場、肯定的な変化・満足感が得られ、職場の横断的なコミュニケーションによる創造の場といった意義があることが示されている。南・村山（2017）はキャリアコンサルタントを対象にPCAGIP法を実施し、困り事を安心して話せる場を提供し、事例と話題提供者の両方を理解し、話題提供者自身の気づきを促すなどの効果を述べている（本書第4章参照）。成田（2018）は企業のマネージャーを対象に組織開発プログラムとして、PCAGIP法を「マネピカ」と名付けて実施し、インタビューによりその効果を検証している。その結果、「とても有意義だった」「他者の視点で事例を見ることができる」などの肯定的な感想と、「実際の業務に行うのは難しい」等の導入の困難さもあることを報告している。

⑤司法・犯罪領域

司法・犯罪領域の応用例としては本書第10章に少年鑑別所の実践例があるが、現状では研究としては、未だ数は少ないと言えよう。事例検討はもちろん、司法・犯罪分野の専門家自身が抱える問題検討法として今後の研究が期待される。

## 4．PCAGIP法の効果研究

### （1）PCAGIP法の臨床実践・事例研究（逸話的な効果研究）

PCAGIP法は初期から臨床実践・事例研究が中心であり、種々の資料があるため、ここでは逸話的な効果研究としての意義を示す。

これまでの臨床実践・事例研究を見ると、PCAGIP法には多様な応用形態があり、柔軟な発展を遂げていることがわかる。また、事例の概要に加えて、メンバーの体験談や感想の多彩な記載はPCAGIP法の「事実」としてエビ

デンスとなり得るであろう。従来の事例研究が、研究者から見た事例報告（Someone said）であるのに対して、PCAGIP法はメンバーの体験報告や感想など皆の声（Everyone said）から共創される現象であり、その蓄積が「事実」として機能し、PCAGIP法の一つのエビデンスとなると言えよう。

## （2）PCAGIP法の効果研究（数量的研究）

ここでの効果研究は、数量的な変化を検討したものを取り上げる。

望月（2013）は医科大学の臨床心理研修生または研修修了生をメンバーにPCAGIP法を行い、その前後の「日本版気分プロフィール尺度（POMS）」と「心理的ストレス反応尺度（SRS-18）」の変化を検討した。その結果、①POMSでは、緊張-不安、抑うつ-落ち込み、怒り-敵意、疲労、混乱の得点は有意に低下し、活気が上昇する結果であった。また②SRS-18でも、抑うつ・不安、不機嫌・怒り、無気力、合計得点が有意に低下していた。以上の結果より、PCAGIP法はメンバーの気分を落ちつけ、不安や不機嫌、無気力を減らし、活気を与える効果がありそうである。

また、数量的にPCAGIP法の効果を抽出し測定する試みとして、内藤（2017；2018）の一連の研究がある。内藤（2017）は養護教諭を目指す学生を対象に5回のPCAGIP法を実施し、その自由記述より質問項目を作成した。次いで、内藤（2018）では、PCAGIP法評価尺度として「理解の深まり・広がり」「難しさ」「省察」「示唆」「受容的雰囲気」の5因子を抽出し、セッション間では、①1回目より3回目になると「難しさ」が減じること、②金魚鉢よりも金魚のほうが「省察」や「理解の深まり・広がり」を示すこと、③「受容的雰囲気」が高い群のほうが低い群よりも「理解の深まり・広がり」や「示唆」が得られた。また、内藤（2020）は、PCAGIP評価尺度を改訂し、「理解・発見」「受容的雰囲気」「省察」の13項目3因子を抽出し、効果を測定する尺度へと改善した。また、効果要因としては、セッションの展開の良し悪しと「受容的雰囲気」の影響が大きいことが示唆された。

内藤（2021）では被災地の養護教諭を対象として、PCAGIP法を実施し、その前後で3つの尺度を用いてエンパワーメントの評価を行い、沿岸と内陸

部でそれぞれ分析を行っている。沿岸部では参加1回目ではエンパワーメント尺度全体と「他者との相互作用」に変化が認められ、参加2回目では「自尊感情」が上昇していた。内陸部でも、参加1回目では沿岸部と同様にエンパワーメント尺度全体と「他者との相互作用」に変化が認められ、参加2回目では「自己効力感」が高まることが示されている（本書第13章参照）。南・松本（2018）は、中学校教師を対象にPCAGIP法による事例検討を実施し、その前後で、「状態被援助指向性尺度・特性被援助指向性尺度」（田村・石隈、2006）を測定し、教職経験年数（10年以下と16年以上）によって検討した。その結果、①教職経験年数が10年以下の群では状態被援助指向と被援助肯定的態度の得点が有意に高く援助を求めていること、②経験年数にかかわらず援助を求めることへの懸念や抵抗感が低下することが示されている。また、事例検討後の感想の自由記述に対して、テキストマイニングによる分析を行った。その結果、1）PCAGIP法が情報共有や具体的取組につながること、2）経験年数が短い若手にとっては援助を求めることを肯定的に促進すること、3）ファシリテーターは「進行を配慮しながら活発な話し合いを進める場作りをしている」役割が大きいことが示されている。

齊藤・南（2020）は、中学校教諭を対象にPCAGIP法による事例検討を行い、その逐語記録について時間経過に沿ってテキストマイニングを行った。また事例検討の前後で参加者の「状態被援助指向性尺度・特性被援助指向性尺度」（田村・石隈、2006）と「教師特有ビリーフ尺度」（河村・國分、1996）の得点を比較した。その結果、①PCAGIP法における参加者の発言は相互作用を生み出し、話題提供者の新しい気付きが生じるための「媒介として機能」（中田、2012b）する。②話題提供者だけが一人で取り組むのでなく、学校全体で取り組むプロセスが生じてきていた。③事例検討の前後で教員のイラショナルビリーフの失敗恐怖が低減し、状態被援助指向性の「他者に助けを求める」意識が高くなっていることからPCAGIP法は教員間の協同体制に寄与するものであることが考察されている。

## 5．PCAGIP法の拡張版あるいは変法の開発

近年、PCAGIP法の拡張あるいは変法が研究されてきている。筒井（2015、2016、2018）は一連の夢PCAGIPを提唱している（本書第17章）。望月（2015）は、家族療法から生まれたReflecting Processを取り入れたグループを展開している。押江ら（2015、2017）は、「リフレキシブPCAGIP」を開発し、さらに「体験過程スケールによるリフレキシブPCAGIPのプロセス研究」を行っている（押江ら、2021）（本書第15章）。山本ら（2022）は、「PCAGIP法をベースに解決志向アプローチの要素を取り入れた方法」を示しており、参加者が「明日以降、事例提供者の立場からできることを一緒に考える活動」を通して事例についてのアイディアや気付きを得ることを目指すグループを展開している。またコロナ禍を経て、オンラインPCAGIP法が発展してきている。内藤（2023）はオンラインでは①「理解・発見」が高く「受容的雰囲気」が低くなるが、「省察」には差がないこと、②金魚鉢メンバーの「理解・発見」が高いこと等を示している。岡本ら（2021）はオンラインでは「全員の顔が満遍なく見える」「その場の雰囲気による圧がない」が、「直に関わっている感じが薄い」、押江ら（2023）はオンラインPCAGIP法における「困難性」と「面白さ」の両面を指摘しており、オンラインPCAGIP法体験の展開には集約すべき秘訣がありそうである（本書第15章）。

## 6．PCAGIP法研究の進展と課題（期待）

PCAGIP法の研究は、黎明期は事例や逐語記録、体験報告などの逸話的なエビデンスの積み重ねであったのに対して近年の研究を見てみると、いくつかの変化が生じている。ここでは近年の変化と展望について述べる。

第1に数量的研究やテキストマイニングを用いた効果研究が増えてきており、その検討内容も多岐にわたってきている。これらはPCAGIP法のもたらす効果を客観的に特定し、捉えようとする試みであり、PCAGIP法研究の

新たな一歩と言える。他方、PCAGIP法の応用は多岐にわたるため多様な効果と変化を捉えるために、PCAGIP法に全体に通底する効果と、対象者や領域に限定される特有の効果を同定し、複数の観点から検証する必要があると言えよう。

　第2にPCAGIP法を構成する変数やプロセスが検討されてきている。内藤（2020）が抽出したようなPCAGIP法の効果を構成する変数が示されたり、押江ら（2021）が体験過程スケールを用いたリフレキシブPCAGIPを展開し、体験過程が段階的な変数として機能する可能性を示している。PCAGIP法を構成する変数やプロセスの幾つかが検討されつつある。このような研究の進展によってPCAGIP法の作用機序が明らかになり、PCAGIP法の効果と進展の指標となることが期待される。

　第3にPCAGIP法を発展させ、新たな方法を作る研究が出現し、応用されている点である。本書にもあるように夢PCAGIP（筒井、2018）やリフレキシブPCAGIP（押江ら、2017）など様々な方法が開発され、多様な領域で用いられている。これはPCAGIP法が他の要素と相互作用しやすい潜在的拡張性を有するためであろう。PCAGIP法は今後も様々な心理療法や社会的活動と相乗的な化学反応を起こし、漸進する可能性がある。PCAGIP法はPCA性を大切にしながらも、それにこだわらず社会活動や他学派の心理療法とのコラボレーションにも門戸を開いておく方がさらなる可能性が開花しそうである。

　第4にPCAGIP法の実施の仕方に関する研究や提案が見られることである。押江ら（2017）はPCAGIP法の1人1問の「4球方式」を用いず、「発言しない自由」を保証することや話題提供者を主役とし体験に触れることを重視し、リフレキシブPCAGIPを開発している。また、藤中（2022）では学校でのPCAGIP法の実施には時間的な困難さなどを伴うことが示されている。このように、方法に縛られず多様なPCAGIP法が進展することこそがPCA精神の真髄と言えるかもしれない。

第4部　PCAGIP 法と現代社会

**注**
（1）　初期の文献の多くは大学付属のカウンセリングセンター等の紀要に掲載されており事例を含むものも多く、一部は図書館を通じても手に入れることができないものもある。
（2）　①心理の専門家が心理の専門家の養成に用いる場合、②心理の専門家が他の領域の専門家に対して研修などに用いる場合、③心理の専門家が支援対象者に対して用いる場合、④心理以外の専門家がそれぞれの専門家の養成や問題解決に用いる場合である。

# 第21章

# PCAGIP法の本質を考える
――その哲学と態度を生きるには？

永野浩二

　実は筆者は、最初、PCAGIP法にそこまで魅力を感じていなかった。筆者は、カンファレンスで「いいこと（発表者の役に立つような新しい視点や理解）を言いたい人」「教えたい人」だったからである。

　逆に自分が事例を発表する場合は、「自分では気づいてないことを教えてもらう」ことを期待していた。典型的なのは、大学院の時に筆者が参加していた神田橋條治先生のカンファレンスであった。「先生は次に私の発表に対して何を仰るだろうか？」と、発表しながら「コメントを待っている自分」がいた。学ぶことに熱心だったと言えば聞こえはよいが、ある意味、自分自身の思考の停止である。発表者であってすらそうだったから、一参加者の場合には尚更その傾向があった(1)。「教える（熟練者）－教わる（未熟者）」の関係図式があった。

　しかし、PCAGIP法はこの図式とはまったく違うあり方であった。

## 1．PCAGIP法の本質とは何か？

### （1）話題提供者の「主体性」

　PCAGIP法は、話題提供者・参加者ともに、「教える（熟練者）－教わる（未熟者）」図式から自由である。「教える」構造自体がPCAGIP法にはない。そのため、話題提供者は、誰かから理論やアセスメントを教わるのではなく、

手探りで事例そのものに入っていく。そのための道しるべが、参加者の質問である。

参加者は、話題提供者の発言から刺激された自分の体験や知識などを元に、質問をする。質問に答えようとする過程で、話題提供者は、自身の内面にあるクライエントとの関係や情報、感じていたが言葉になっていなかった体験などにアクセスし言語化しようとする。教わるのではなく、主体的な自己探索を行うのである。話題提供者の姿勢自体が異なるのである。ここが従来のカンファレンスとは本質的に異なる。しばしば質問の後に「間（マ）」が生じ、この時間に話題提供者の自己探索が行われる。そこで気づいたことは、話題提供者の内側から発見されたものであり、資源であり、実現可能性についてより吟味できるものである。ファシリテーターの役割の1つは、この自己探索を支援することである。

（2）グループ参加者の力を借りる・頼る（信頼する）体験

一方、この主体的な自己探索は、参加者の質問がなければそもそも成り立たない。探索する主体は話題提供者であるが、自己の資源にアクセスするためには参加者の力が必須である。これはかなり重要で本質的な条件である。話題提供者と参加者の両者が等しく必要なのである。[2]話題提供者は、曖昧で、多義的なクライエントとの体験世界へ、参加者の力を借りることで、参加者と共に手探りで入っていけるのである。

（3）参加者の個性に意味がある

PCAGIP法の特徴として、村山（2012, 2023）は、「エンカウンター・グループ体験の場」であり「コミュニティ」の場であると述べている。

PCAGIP法では、参加者の個性が多様な質問として現れる。通常のカンファレンスでは、時に参加者同士で事例の解釈についての持論や意見の対立となることがあるが、PCAGIP法ではそれは起こらないか起こりにくい。学んでいる理論や個人の経験からくる連想や知恵（精神分析であろうが、行動療法であろうが、コミュニティ・アプローチであろうが）は、質問形式を取るため、

話題提供者の自己探索のためのヒントとして活かされる。

　また、「ひとり 1 問ずつ質問する」という形が、参加者全員に、参加する権利を与える。

　さらに、全ての発言が記録係によって板書される。板書は、「メモを取ることをせず『今ここの場に集中』」（村山、2023）し、全員が参加すること、関わることに集中できるための工夫である。同時に、「情報の可視化と共有化」（村山、2012）という働きもある。筆者は、誰かの発言が「特に重要」だとか、誰かの発言は「取るに足らない」とかの区別をしないで「全てを板書する」という PCAGIP 法の記録方式に、参加する一人ひとりへの尊重（パーソン・センタード）の具現化を感じる。

　こう考えると、「全員が、ベテラン－初心者の別なく、1 つずつ質問をする」や「全て板書をする」という形式の意味は大きい。一人ひとりを大事にするというパーソン・センタードの哲学が背景にないような、単に「批判しない」「質問を 1 つずつ順番に行う」「全て板書する」等を形式上真似ただけの PCAGIP 法は、失敗に終わる可能性が高くなると思われる。

（4）安全な場での相互作用と同時多発的自己探索

　一人ひとりを大切にする風土（安全な場）で、参加者の質問に助けられながら、話題提供者の主体的な自己探索が進むと、これまで気づかなかった様々な側面に目が向くようになる。

　筆者が行ったある大学院での PCAGIP 法では、話題提供者が最後に次のように語った。「皆さんの質問が深かった。それですごく深く考えることができました。前回カンファレンスに出したときよりも、事例そのものを考えられました」。

　また、質問をしていた参加者も次のように語った。「大学のカンファレンスでは、質問の良し悪しを言われる。『なぜその質問をするのか』を先に考えてからじゃないと質問できない。質問の意味を考えている内に司会の先生が『じゃあ、質問はありませんね』と先に進むことも多かった。それが今回はなかった。自由に質問できました」。

上記2人の発言から、話題提供者と参加者の相互作用で「問いが深く」なったことが覗える(3)。

このような現象は、話題提供者や質問者だけではなくすべての参加者に生じる可能性がある。村山正治・尚子両氏のPCAGIP法の研修会に参加したある参加者は、金魚鉢(4)にいた。研修会後、筆者に次のように語ってくれた。

「僕は話題提供者でも質問者でもなかったけど、皆さんの質問や話を聞いているうちに、すごく自分に当てはまって、話題提供者には申し訳ないけど、途中から自分のことをずっと考えていた。終わった時、発言もしていないのに勝手に癒された。話題提供者の話を聞いていて涙が出そうになりました」。

深い自己探索による「その人自身の実感のある言葉」は、人の心に届きやすい。強い口調や強い言葉を使っていなくても、静かな迫力がある。そういった言動はまた、「では、私はどうだろうか？」といった自己探索を聞き手に自然に起こさせる。この現象はエンカウンター・グループではしばしば見られる。「同時多発的な自己探索(5)」とでもいうべき現象である。自分自身に丁寧に触れるような「場」の中で心が開かれる時、「問いが深まり」、話題提供者にも参加者にも、心が深く動くような体験が生じるのであろう。

## 2．PCAGIP法が成立するための条件とは？

### （1）学習が成立するためのopennessと信頼関係の醸成

PCAGIP法実践の場で深い学習が生じるための条件について、あらためて整理しつつ考えてみたい。

学習が生じる条件の1つは、話題提供者のopennessとでもいうような、防衛的でない態度である。参加者の質問をヒントにしてopenに探索し自身の体験を正直に語ろうとすることができない場合は、質問という形での参加者の力や資源を心から借りることができず、PCAGIP法もあまり実りがない。

### （2）話題提供者の潜在力への信頼、グループプロセスへの信頼

話題提供者のopennessは、参加者との相互作用によるものでもある。参

加者も、話題提供者の力（話題提供者が自身を理解するための豊かな資源を持っており、その資源にアクセスする力があること）を信頼する必要がある。そうでなければ、質問は暗に指示的・示唆的なものになり、安全感は損なわれる。相互信頼はPCAGIP法成功のKeyである。話題提供者や他の質問者との相互作用、即ち、グループプロセスを信じることができるかどうかが、全ての参加者にとってのchallengeとなる。

## 3．ファシリテーターが話題提供者と参加者に（心から）頼ること

　上記を踏まえて、PCAGIP法のファシリテーター論を考えてみたい。
　ファシリテーターは、話題提供者や参加者が、この場を安全な場と感じて、相互にかかわっていけるようになるための支援を行う。そこでは発言者一人ひとりへの暖かな眼差しや共感的理解を基本として、それぞれの発言をグループで共有できるような整理の役割などを行う。これらの態度や役割は、パーソン・センタード・アプローチのカウンセラー、ファシリテーターのそれと同じである。
　加えて、話題提供者や参加者を信頼し、心から頼ることが、ファシリテーターとしての重要な役割なのではないかと筆者は考えている。これは、じつは意外に難しい。自分自身の弱点、できない部分への深い受容が必要だからである。また、「教えたい」「影響を与えたい」「コメンターとしての自分の能力を知らしめたい」人にとっては、とくに難しいのではないかと思う。
　PCAGIP法の創設者である村山正治氏や共同ファシリテーターでありパートナーでもある村山尚子氏は、自身のできないことを隠さないし、じつに自然に参加者の力を借り、そこに感謝し、互いに尊重し合う関係を創っている。
　筆者の仲間である北田朋子氏から聞いた1つのエピソードを紹介したい。
　ある時、村山尚子氏が、北田氏と一緒に行っている音楽コミュニティで、1つのアイデアを出した。アイデアはあったが、それをどうやって実際に行うかを尚子氏は知らなかった。それをそこに参加しているメンバーに『何か

方法はないかな』と話した。北田氏は実現する方法を知っており、提案し、尚子氏のアイデアは実現された。北田氏は振り返って次のように筆者に語った。

「尚子さんはアイデアが豊富。私は新しいアイデアとか創造性がないことがコンプレックスだった。だけど、私は人のアイデアをどうしたら実現できるかを考えることはわりと得意みたい。……尚子さんと一緒にいると、『私にもできることがある』『私は私のやり方で役に立てている』と心から思える。そしてそのことを、尚子さんも喜んでくれているのがわかった」。

上記のエピソードは、村山尚子氏が、PCAGIP法やカウンセリング場面のような特別な場面だけでなく、日常的に、一緒にいる人とアイデアを共有し、楽しみながら協働で問題解決を行っていることが伝わるものである。

村山正治氏は、自身についてのそういったあり方を「弱さの力」（村山、2023）と表現し、「僕はできないことが沢山あるから、人に助けてもらわないと仕方ないんだよ」と笑う。そして助けてくれる人が実際に沢山現れるのを、筆者は幾度も見てきた。村山正治氏が、できないことを隠さないからこそこういった相互作用が起こるのだと思われる。そのopennessは凄い。

PCAGIP法の場を「コミュニティとみなす」（村山、2012）という表現は、何もPCAGIP法のための特別なものではない。PCAGIP法のファシリテーターをする村山正治氏や尚子氏の人間観であり、かかわり方、生き方そのものだと思われる。

## 4．PCAGIPはプロセス

最後にPCAGIP法の重要な哲学であるプロセス論について述べたい。PCAGIP法では、「結論を出さなくてよくて、ヒントが出れば十分である」とされている（村山、2012）。この考えが、参加者や話題提供者に自由な発想を与えていると思われるが、筆者にはまた別の連想が浮かぶ。それがプロセス論である。

村山（2012）は、「そもそも事例検討に結論などない。たくさんの可能性が

## 第21章　PCAGIP法の本質を考える

見えるだけである」「ヒントが出れば十分」と述べている。理論に現実を合わせて考えると、解決策があたかもあるようで、すっきりはするかもしれない。しかし、現場で心理士が直面する多くの事象は、大抵、理論通りではないし、正解もわからないことが多い。

　筆者はふと、次のような連想をする。

　夫婦間で妻が夫に不満を語る。夫は妻の不満がすぐには理解できない。酒の席で同僚にそのことを話した。同僚が「奥さんは〜なんじゃない？」「〜が原因では？」と言うのを聞き、「わかった！」とスッキリしたとする。筆者の連想は、もしそのことを知ったら、却って妻の不満は強くなるのではないか、というものである。「簡単にわかったつもりにならないで！」と。

　筆者はカンファレンスで見立てを聞いたり考えたりする時にも、上記と同じようなことを思うことがある。「この話をクライエントが聞いたらどう思うだろうか？」「『先生、私の話に勝手に理屈をつけてわかった気にならないで！』と言われないだろうか？」と。

　「はっきり結論が出ないで『モヤモヤする』のはreal。『すっきり』は人工」というのは、神田橋條治先生のカンファレンスで聞いた言葉だったか。

　必要なことは、モヤモヤとすっきりしない現状を（夫婦であれば夫婦で、面接であればクライエントと）ふたりで、時に人の力を借りながら、曖昧で、ある意味多義的な世界を、手探りで、迷いながらおずおずと、しかし粘り強く共に進むことではないだろうか。

　ところで、もうひとつ、最近筆者に生じたプロセス論についてのイメージがある。このイメージが浮かんだのは、それこそ村山正治・尚子両氏が行ったPCAGIP法のワークショップの時であった。

　この時、尚子氏は片腕を骨折して入院しており、当日はこのワークショップのためだけに病院から外出許可をもらって、ファシリテーターとして参加しておられた。骨折して入院が決まるとすぐに、ご夫婦は息子さんたちも交えて家族会議を行い、皆の生活がうまく回るよう話し合い、助け合いながら生活していたことが語られた。それまでも助け合いながらお二人は生活しておられたが、この時は、お二人のつながりと周囲との協力、ネットワークの

179

深いつながりが筆者には感じられていた。

　ところで、骨折した手を吊ったまま、尚子氏がPCAGIP法について話しておられた時のこと。研修室の窓の外の2羽のカラスが筆者の目に留まった。見ていると何だか仲のよい夫婦みたいに見えて、（村山ご夫妻みたいだな）と筆者には思えた。その時、ふと、パーソン・センタード・アプローチのプロセス論についての連想が浮かんだ。連想は次のようなものだった。

　　村山ご夫妻は、お互いを助け合い、思い合って、今日もここにいる。「あなたと出会えてよかった」と互いに思うこともあるだろう（きっと今回のことでますますそう思っている気がする）。そう言えば、僕は来年、結婚して20年になる。村山ご夫妻ほどの積み重ねや深みはないかもしれないけれど、僕らは僕らの実感で「あなたと出会えてよかった」と思えている気がする。ひょっとして、つきあい出したばかりの若いカップルだって、僕らや村山ご夫妻とはまた違う、でも心からの喜びで、「この人と出会えてよかった」と思うのではなかろうか？　それぞれの年月による違いや、たとえば仮に深みのようなものがあるとしても、それらはまったく比較されるものではない。比べることすらできないその時々の思いや体験を、「プロセスを生きる」と呼んでいいのかもしれない。それはその時々のhere and nowを生きるということと同じことなのだな。

　筆者の中では、その時、「プロセスを生きる」ということと、「here and now」ということと、村山尚子氏がどのエンカウンター・グループの後にも、「私はこのグループに十分満足している」と言っておられたことが一致した気がした。そして、この「どの体験にも良い・悪いはなく、ただプロセスがある」という実感に支えられた態度によって、それぞれの人が自由に安心して自己探索を行える場が提供されるのだと思った。

## 5．おわりに

「カンファレンスをコミュニティとみなす」と村山（2012）は述べているが、そもそもそういったコミュティを大切にしてきたところからPCAGIP法は生まれたと言ってよい。PCAGIP法のような安全で各々の個性が生きるような話し合いが、必要な時に、できれば継続的に気楽に行えるコミュニティこそが、私たちに必要なものではないだろうか。


注
（1） 神田橋條治先生は、こういった「教える−教わる」構造の弊害に気づいておられて、「指導者のいないカンファレンス」や、発表者がクイズを出して参加者が考えるような逆転の発想をしたカンファレンスのアイデアを語っておられる。「教育は熱心にやると学習者がつぶれる」という先生の発言を聞いたこともある（※筆者の記憶であり文責は筆者にある）。この図式の弊害・副作用を端的に表していると思う。
（2） 村山（2012）は、PCAGIP法の参加者シップを「参加者はリサーチパートナー」と表現している。
（3） 筆者は、村山正治氏から「よい質問をどう作るかがPCAGIPの課題」「よい質問とは話題提供者がワクワクして答えたくなるような質問」だと聞いたことがあった。しかし、「よい質問を作る」ことを村山正治氏が作為的に（たとえばPCAGIPの場面構成等で）参加者に促すような言動を行っている場面を、筆者は一度も見たことがない。作為は、参加者の自由な参加の保証とはまったく異なるものである。「相手をコントロールしたい（影響を与えたい）」という欲求から自由になることは、パーソン・センタードのセラピストやファシリテーターにとって重要なchallengeである。
（4） 参加者が多く、全員が質問を行えない場合に、話題提供者と質問者（金魚）を囲む形のその他の参加者を金魚鉢グループと呼ぶ。「ポイントは"金魚鉢グループ"もオブザーバーではなく、参加者であると考えることである」（村山、2012）。
（5） この言葉は、以前村山正治氏がエンカウンター・グループについて、「同時多発的に参加者が自分のことを考える現象を何と表現したらいいか」と語った言葉から作った筆者の造語である。
（6） 時々ご一緒するグループで村山尚子氏はいつもそう言っておられた。筆者にはもっ

と良いグループの展開があった気がする時でも、尚子氏が心からそう言っていることはわかった。このことは長く謎であった。しかし、この時の連想から筆者にはようやくその意味が腑に落ちる気がした。

# 文　献

## 第1章
村山尚子（2023）「第7章　PCAGIPの事例——スタッフの個性の尊重とチームの希望との狭間で」本山智敬・永野浩二・村山正治（編）『パーソンセンタード・アプローチとオープンダイアローグ——対話・つながり・共に生きる』遠見書房、83～90頁。

村山正治（2023）「第6章　動画で見るPCAGIPの実際——新しい事例検討法ピカジップ（PCAGIP）の開発と展望」本山智敬・永野浩二・村山正治（編）『パーソンセンタード・アプローチとオープンダイアローグ——対話・つながり・共に生きる』遠見書房、76～82頁。

村山正治、中田行重（編著）（2012）『新しい事例検討法PCAGIP入門——パーソン・センタード・アプローチの視点から』創元社。

中田行重（2022）『臨床現場におけるパーソン・センタード・セラピーの実務——把握感sense of gripと中核条件』創元社。

中山幸輝、古谷浩、原口淑子、中山美枝子、重松初代香、北田朋子、村山正治（2023）「「PCAグループ」及び「PCAGIP法」に関する文献リスト（2022）」『東亜大学大学院総合学術研究科臨床心理相談研究センター紀要 心理臨床研究—臨床・リサーチ・理論—』、23、46～55頁。

ロジャーズ・C・R（著）カーシェンバウム・H／ヘンダーソン・V・L（編）（2001）『ロジャーズ選集（上）（下）』（伊東博・村山正治監訳）誠信書房。Kirschenbaum, H., & Henderson, V.L. (Eds.) (1989) *The Carl Rogers reader.*

## 第3章
岩壁茂（2007）『心理療法・失敗例の臨床研究——その予防と治療関係の立て直し方』金剛出版。

神田橋條治（2011）「スーパービジョンの現場から」『臨床心理学』、11（3）、427-431頁。

村山正治、松村人志、桑野浩明、桑野裕子（2011）「臨床心理士養成における有効な臨床カンファレンスの探索的研究——全国調査ならびにアクションリサーチによる継続的研究」『東亜大学大学院心理臨床研究』、11、3-36頁。

村山正治、中田行重（編著）（2012）『新しい事例検討法PCAGIP入門——パーソン・センタード・アプローチの視点から』創元社。

## 第4章
中田行重（2012）「第4章　PCAGIP法の論理」村山正治、中田行重（編著）『新しい事例検討法PCAGIP入門——パーソン・センタード・アプローチの視点から』創元社、45頁。

## 第5章
村山正治（2005）『ロジャーズをめぐって——臨床を生きる発想と方法』金剛出版。

村山正治（2014）『「自分らしさ」を認めるPCAグループ入門——新しいエンカウンターグループ法』創元社、27～50頁。

村山正治、中田行重（編著）（2012）『新しい事例検討法PCAGIP入門——パーソン・センタード・アプローチの視点から』創元社。

## 第 7 章

村山正治、中田行重（編著）（2012）『新しい事例検討法PCAGIP入門——パーソン・センタード・アプローチの視点から』創元社.

野村陽子、村山正治（2021）「協立総合病院におけるPCAGIP 4年間の継続支援の考察」『東亜臨床心理学研究』、20、25～34頁.

## 第 8 章

村山正治、中田行重（編者）（2012）『新しい事例検討法PCAGIP入門——パーソン・センタード・アプローチの視点から』創元社.

## 第 9 章

増沢高、青木紀久代（編著）（2012）『社会的養護における生活臨床と心理臨床——多職種協働による支援と心理職の役割』福村出版.

村山正治、中田行重（編著）（2012）『新しい事例検討法PCAGIP入門——パーソン・センタード・アプローチの視点から』創元社.

大内雅子、福永寛徳、井出智博（2013）『「児童養護施設職員のカンファレンス機能を高めるためのトレーニング・プログラムの検討」報告書』平成24年度笹川科学研究助成 実践研究部門（研究番号24-833 研究代表者：大内雅子）.

Pigors, P., & Pigors, F. (1980) *Pigors incident process of case study.* Englewood Cliff: Educational Technology Publications.

## 第 10 章

犬塚石夫（2011）「矯正領域における犯罪心理学研究の動向と今後への期待」『犯罪心理学研究』50周年記念特集号、20～34頁.

村山正治（2012）「PCAGIP法とは何か」村山正治、中田行重（編著）『新しい事例検討法PCAGIP入門——パーソン・センタード・アプローチの視点から』創元社、12～21頁.

並木崇浩、小野真由子（2016）「PCAGIP法研究の動向と課題」『関西大学心理臨床センター紀要』、7、91～100頁.

坂井智美、鬼頭真澄、田中かおり（2019）「少年鑑別所における相談員の成長を促す事例検討会の試み——PCAGIP法を用いて」『犯罪心理学研究』、57（特別号）、194～195頁.

田中かおり（2020）「矯正——施設内処遇から社会復帰へ」門本泉（編著）『司法・犯罪心理学——社会と個人の安全と共生をめざす』ミネルヴァ書房、97～111頁.

## 第 11 章

村山正治（2012）「PCAGIP法とは何か」村山正治、中田行重（編著）『新しい事例検討法PCAGIP入門——パーソン・センタード・アプローチの視点から』創元社、12～21頁.

村山正治（2014）「PCAグループの理論と実際」村山正治（編著）『「自分らしさ」を認めるPCAグループ入門——新しいエンカウンターグループ法』創元社、12～26頁.

中田行重（2012）「PCAGIP法の論理」村山正治、中田行重（編著）『新しい事例検討法PCAGIP入門——パーソン・センタード・アプローチの視点から』創元社、42～48頁.

白井祐浩（2022）「セラピスト多様性モデルとセラピスト・センタード・トレーニング——個別要因を含めた心理療法の捉え方」『志學館大学人間関係学部研究紀要』、43、33～58頁.

文　献

## 第12章

明戸隆浩（2023）「2020年代の日本のレイシズム――2019年度朝鮮奨学会調査を手がかりに」朝鮮奨学会HP　2022年度講演会 http://www.korean-s-f.or.jp/doc/08-01-2022_01.pdf（2024年5月9日閲覧）

ベル，リー・アン（2017）「シリーズ編者の序文」グッドマン，ダイアン・J『真のダイバーシティをめざして――特権に無自覚なマジョリティのための社会的公正教育』（出口真紀子監訳）上智大学出版，viii頁。

Boler, M. (1999) *Feeling power: Emotions and education.* NY: Routledge.

姜潤華（2023a）「コロナ禍での朝鮮学校保護者（母親）と教員によるPCAGIPの一事例――女性のエンパワメントの視点から」『フェミニストカウンセリング研究』、18、4～15頁。

姜潤華（2023b）「誰もがその人らしく居られる「多様性カフェ＠オンライン」の取り組み――ソーシャル・ジャスティスを意識したPCAグループ」『日本心理臨床学会第42回大会発表論文集』、108頁。

姜潤華、平井和枝、中山幸輝、福田真大、黒木拓心、須藤大成、坪井華桜子、蓮住俊寛、福永隼也、山名ありさ、片山千広、菊竹弥虎、田中杏奈、徳安千鶴、中島優志、名和田慎太郎、吉崎一（2023）「「多様性カフェ2022＠オンライン」実践報告」『東亜大学大学院総合学術研究科心理臨床研究――臨床・リサーチ・理論』、23、30～36頁。

蔵岡智子、井出智博、草野智洋、森川友子、大賀一樹、上野永子、吉川麻衣子（2022）「心理臨床領域における社会的公正とアドボカシーの視点――養成プログラムへの統合を見据えて」『東海大学文理融合学部紀要』、1、37～53頁。

小川真理子（2023）「公的部門の最前線で女性支援を行う婦人相談員の全国調査――7割が「社会福祉士」等の公的資格等を保有、8割が非正規雇用」東京大学大学院情報学環・学際情報学府HP　https://www.iii.u-tokyo.ac.jp/news/2023103019217（2024年5月8日閲覧）

スー，デラルド・ウィン（2020）『日常生活に埋め込まれたマイクロアグレッション――人種、ジェンダー、性的指向：マイノリティに向けられる無意識の差別』（マイクロアグレッション研究会訳）、明石書店、445～446頁。

## 第13章

天野瑞枝、植村勝彦（2011）「高齢者のエンパワメント構造に関する研究――尺度作成およびその信頼性」『愛知淑徳大学論集　心理学部篇』、創刊号、1～9頁。

麻原きよみ（2000）「エンパワメントと保健婦活動――エンパワメント概念を用いて保健婦活動を読み解く」『保健婦雑誌』、56、1120～1125頁。

Mimura, C., & Griffiths, P. (2007) A Japanese version of the Rosenberg Self-Esteem Scale：Translation and equivalence assessment. *Journal Psychosomatic Research*, **62**, 589-594.

村山正治、中田行重（編著）（2012）『新しい事例検討法PCAGIP入門――パーソン・センタード・アプローチの視点から』創元社。

内藤裕子、西野美佐子、平川昌宏（2017）「学校避難所運営に関する宮城県の養護教諭の経験と思い――東日本大震災後3年目に実施した質問紙調査より」『学校保健研究』、59、276～287頁。

成田健一、下仲順子、中里克治、河合千恵子、佐藤眞一、長田由紀子（1995）「特性的自己効力感尺度の検討――生涯発達的利用の可能性を探る」『教育心理学研究』、43、306～314頁。

谷井淳一（2012）「サイコドラマ効果測定尺度の作成」『カウンセリング研究』、45（2）、111～122頁。

第14章

近田輝行（2005）「フォーカシングとは」近田輝行、日笠摩子（編著）『フォーカシングワークブック――楽しく、やさしい、カウンセリングトレーニング』日本・精神技術研究所、9～10頁。

日笠摩子、小坂淑子（2012）「PCAGIP法とフォーカシング」村山正治、中田行重（編著）『新しい事例検討法PCAGIP入門――パーソン・センタード・アプローチの視点から』創元社、134～147頁。

Hikasa, M., Kosaka, Y., & Murayama, S.(2015)"PERSON-CENTERED APPROACH GROUP INCIDENT PROCESS (PCAGIP): A new presenter-friendly approach to case conference", *The FOLIO: A Journal for Focusing and Experiential Therapy*, 26 (1), 48-57.

村山正治（2012a）「PCAGIP法の手順とポイント」村山正治、中田行重（編著）『新しい事例検討法PCAGIP入門――パーソン・センタード・アプローチの視点から』創元社、22～33頁。

村山正治（2012b）「PCAGIP法」日本人間性心理学会（編）『人間性心理学ハンドブック』創元社、388～389頁。

村山正治（2020）「PCAGIPの発想と実際事例の提示」第39回大会教育・研修委員会企画シンポジウム「事例検討会を再検討する――ケースカンファレンス再考」『心理臨床学研究』、38（5）、445～448頁。


第15章

河﨑俊博（2015）「相互リフレキシブな営みと「からだ」」『サイコロジスト――関西大学臨床心理専門職大学院紀要』、5、101～108頁。

村山正治（2012）「PCAGIP法とは何か」『新しい事例検討法PCAGIP入門――パーソン・センタード・アプローチの立場から』創元社、12～21頁。

並木崇浩（2018）「パーソン・センタード・セラピストが'哲学する'意義――beingとセラピストの自己の利用の観点から」『人間性心理学研究』、36（1）、69～77頁。

押江隆（2015）「パーソン・センタード・アプローチとスーパービジョン」『山口大学大学院教育学研究科附属臨床心理センター紀要』、6、27～34頁。

押江隆、藤田洋子、植木美紀、多田佳歩、鞠川由貴、溝口英登、森原梓、山本優子、渡邊弓子（2017）「PCAGIP法にパーソン・センタードな個人スーパービジョンを組み合わせた「リフレキシブPCAGIP」の開発」『教育実践総合センター研究紀要』、43、39～46頁。

押江隆、石川智香子、岩野光、葉柴由佳、堺香穂、髙橋亨輔、柳原真子（2023）「オンラインPCAGIPの実践と検討」『山口大学教育学部研究論叢』、72、43～51頁。

押江隆、山根倫也、池ヶ谷采佳、坂本和久、玖村奈美、白石潤一（2021）「体験過程スケールによるリフレキシブPCAGIPのプロセス研究」『山口大学教育学部研究論叢』、70、35～44頁。


第16章

本山智敬（2023）「第1章　パーソンセンタード・アプローチとは何か――7つのエッセンス」本山智敬、永野浩二、村山正治（編）『パーソンセンタード・アプローチとオープンダイアローグ――対話・つながり・共に生きる』遠見書房、14～27頁。

村山正治、中田行重（編著）（2012）『新しい事例検討法PCAGIP入門――パーソン・センタード・アプローチの視点から』創元社

中島真夕（2016）第35回日本人間性心理学会発表「スクールカウンセラーが行うPCAGIP――エ

夫とその効果」

## 第17章

ジェンドリン・E・T（1988）『夢とフォーカシング』（村山正治訳）福村出版．Gendlin, E. T. (1986) *Let your body interpret your dreams.* Wilmette, IL: Chiron Publications.

池見陽（2016）「セラピストが聴くとき何が起こるのか」池見陽（編著）『傾聴・心理臨床学アップデートとフォーカシング——感じる・話す・聴くの基本』ナカニシヤ出版、75 〜 97頁．

村山正治（2012）「PCAGIP法とは何か」村山正治、中田行重（編著）『新しい事例検討法PCAGIP入門——パーソン・センタード・アプローチの視点から』創元社、12 〜 21頁．

村山正治（2014）「PCAグループの理論と実際」村山正治（編著）『「自分らしさ」を認めるPCAグループ入門——新しいエンカウンターグループ法』創元社、12 〜 26頁．

しまんちゅルーム（2021）夢PCAGIP https://shimanchu-room.net/pcagip-dreamwork/（2024年4月1日閲覧）

筒井優介（2015）「夢PCAGIPの試み——グループにおける相互作用の活用」『Psychologist：関西大学臨床心理専門職大学院紀要』、5、73 〜 81頁．

筒井優介（2016）「フォーカシングと夢解釈」池見陽（編著）『傾聴・心理臨床学アップデートとフォーカシング——感じる・話す・聴くの基本』ナカニシヤ出版、170 〜 179頁．

筒井優介（2017）「研究者の数珠つなぎ——夢PCAGIP（ゆめピカジップ）」『The Focuser's Focus——日本フォーカシング協会ニュースレター』、19（4）、8 〜 9頁．

筒井優介（2018）「夢PCAGIPにおいて意味はどのように成立しているのか——ある妊娠の夢を実例として」『人間性心理学研究』、36（1）、21 〜 31頁．

筒井優介（2020）「夢PCAGIPの開発に関する研究——グループでの夢理解のために」『関西大学大学院心理学研究科博士論文』．

## 第18章

藤中隆久（2022）「学校の事例検討会にPCAGIP法を適用することの考察」『熊本大学教育実践研究』、39、127 〜 134頁．

藤中隆久（2023）「PCAGIP法の二つのルールの考察」『熊本大学教育実践研究』、40、73 〜 81頁．

帚木蓬生（2017）『ネガティブ・ケイパビリティ——答えの出ない事態に耐える力』朝日新聞出版社

久永隆一（2023）「精神疾患で休職の教員、過去最多6500人、文科省22年度調査」朝日新聞デジタル版2023年12月22日

村山正治、石田陽彦、藤中隆久、野村陽子、南陽子、永野浩二、中田行重（2024）「現代の対人援助職の研修・訓練としてのPCAGIP法の意義」『関西大学心理臨床センター紀要』、15、45 〜 53頁．

山極壽一　京都大学総長就任インタビュー「山極壽一×ゴリラ研究」編　Kyoto-U OCW　https://www.youtube.com/watch?v=q3BNZKOTFi8

吉見俊哉（2016）『「文系学部廃止」の衝撃』集英社新書

## 第19章

メアンズ・D／クーパー・M（2021）『「深い関係性（リレイショナル・デプス）」がなぜ人を癒すのか——パーソン・センタード・セラピーの力』（中田行重、斧原藍訳）創元社．Mearns, D.,

& Cooper, M. (2018). *Working at relational depth in counselling and psychotherapy*, 2nd Edition. London: Sage.

村山正治（2012）「PCAGIP法とは何か」村山正治、中田行重（編著）『新しい事例検討法PCAGIP入門——パーソン・センタード・アプローチの視点から』創元社、12～21頁。

ロジャーズ・C・R（2001）「クライエント・センタードの枠組みから発展したセラピー、パーソナリティ、人間関係の理論」カーシェンバウム・H／ヘンダーソン・V・L（編）『ロジャーズ選集（上）』（伊東博、村山正治監訳）誠信書房、286～313頁。Rogers, C. R. (1959). A theory of therapy, personality and interpersonal relationships as developed in the client-centered framework. In S. Koch (Ed.), *Psychology: A study of a science, 3. Formulations of the person and the social context*. New York: McGraw Hill. pp. 184-256.

## 第20章

足利学（2017）「超高齢社会の未来・認知症の発症予防と予後予測——地域で高齢者に関わる医療・福祉専門職を応援する——新しい事例検討会（PCAGIP法）の試み」『日本未病システム学会学術総会抄録集24回』、59頁。

藤中隆久（2022）「学校の事例検討会にPCAGIP法を適用する事の考察」『熊本大学教育実践研究』、39、127～134頁。

波多江洋介、村松健司、坪井裕子、塩谷隼平、樋口亜瑞佐（2022）「児童養護施設職員等を対象としたPCAGIP法の実践報告」『白百合女子大学発達臨床センター紀要』、25、38～42頁。

井出智博（2013）「児童養護施設における"機能する事例検討会"の創造——PCAGIPを用いた取り組み」『日本人間性心理学会第32回大会プログラム・発表論文集』、162頁。

河村茂雄、國分康孝（1996）「小学校における教師特有のビリーフについての調査研究」『カウンセリング研究』、29、44～54頁。

南雅則、松本剛（2018）「中学校教師を対象としたPCAGIP法を用いた事例検討の効果に関する研究」『北陸学院大学・北陸学院大学短期大学部研究紀要』、11、113～120頁。

南陽子、村山正治（2017）「キャリアコンサルティングへのPCAGIP法導入の意義と課題」『日本人間性心理学会第36回大会発表論文集』、124～125頁。

望月洋介（2013）「若手臨床家の事例検討法としてのPCAGIPの効果検討」『第32回人間性心理学会大会論文集』、88頁。

望月洋介（2015）「ファシリテーターが感情的に巻き込まれた状況でのPCAGIPのファシリテーション」『日本人間性心理学会第34回大会発表論文集』、86～87頁。

村上恵子、北田朋子、村山正治（2015）「大学院ケースカンファレンスにおけるPCAGIP法の試み——事例提供・プロセス・結果・意義の考察」『日本人間性心理学会第34回大会発表論文集』、82～83頁。

村山正治（2012a）「大学院生への実践（Ⅰ）」村山正治、中田行重（編著）『新しい事例検討法PCAGIP入門——パーソン・センタード・アプローチの視点から』創元社、50～71頁。

村山正治（2012b）「大学院生への実践（Ⅱ）」村山正治、中田行重（編著）『新しい事例検討法PCAGIP入門——パーソン・センタード・アプローチの視点から』創元社、72～97頁。

村山正治、江口尚子、衛藤萌、小埜優依、黒川明宏、立川隆一、久留玲子、前泊麻理菜、松田有加、三津篤、山口瑞穂、奥原孝幸（2009）「PCAGIP法の実際（Ⅲ）——PCAGIP法の実際例の報告と考察」『東亜大学大学院総合学術研究科心理臨床研究』、9、3～13頁。

村山正治、江口尚子、衛藤萌、小埜優依、黒川明宏、立川隆一、久留玲子、前泊麻理菜、松田有加、

三津篤、山口瑞穂、奥原孝幸（2010）「PCAGIP法の実際（Ⅳ）——1事例の逐語記録」『東亜大学大学院総合学術研究科心理臨床研究』、10、43〜65頁。

村山正治、池田紘子、大石沙耶香、北田朋子、新開佳子、杉浦崇仁、田中正江、中村加奈、古野薫、村上恵子（2013）「PCAGIP法の実際（Ⅵ）——参加者の体験報告」『東亜大学大学院総合学術研究科心理臨床研究』、13、45〜64頁。

村山正治、石津寛子、金城聡、仙石裕樹、坂元美和、柴田妙、則安総一郎、福山剛、増田仁美、松寄順子、三木北斗、村田裕美（2008a）「エンカウンターグループとインシデントプロセスを組み合わせた新しい事例検討法（PCAGIP法）の実際（Ⅰ）——PCAGIP法の実際例の報告」『東亜大学大学院総合学術研究科心理臨床研究』、8、3〜10頁。

村山正治、石津寛子、金城聡、仙石裕樹、坂元美和、柴田妙、則安総一郎、福山剛、増田仁美、松寄順子、三木北斗、村田裕美（2008b）「エンカウンターグループとインシデントプロセスを組み合わせた新しい事例検討法（PCAGIP法）の実際（Ⅱ）——1事例の逐語記録」『東亜大学大学院総合学術研究科心理臨床研究』、8、11〜23頁。

村山正治、桑野浩明、津田優子、松本沙紀、木村友香、静間裕子、八丁春美、慶月望、東村通紘（2012）「PCAGIP法の実際（Ⅴ）——2事例の逐語記録」『東亜臨床心理学研究』、11、45〜84頁。

内藤裕子（2017）「養護教諭養成におけるPCAGIP法の活用と効果」『教職研究』、2016、45〜57頁。

内藤裕子（2018）「養護教諭養成におけるPCAGIP法の活用と効果（2）——評価尺度の作成」『教職研究』、2017、59〜67頁。

内藤裕子（2020）「養護教諭養成におけるPCAGIP法の活用と効果（3）——効果測定尺度と効果要因の検討」『教職研究』、2019、15〜23頁。

内藤裕子（2021）「PCAGIPのエンパワーメント効果——被災地の養護教諭を対象として」『教職研究』、2020、45〜55頁。

内藤裕子（2023）「オンラインによるPCAGIP法の試み——効果尺度を用いた対面との比較検討」『教職研究』、2022、27〜35頁。

中田行重（2012a）「企業管理職のためのPCAGIP法を用いた事例検討」村山正治、中田行重（編著）『新しい事例検討法PCAGIP入門——パーソン・センタード・アプローチの視点から』創元社、98〜107頁。

中田行重（2012b）「PCAGIP法の論理」村山正治、中田行重（編著）『新しい事例検討法PCAGIP入門——パーソン・センタード・アプローチの視点から』創元社、42〜48頁。

中山幸輝、古谷浩、原口淑子、中山美枝子、重松初代香、北田朋子、村山正治（2023）「「PCAグループ」及び「PCAGIP法」に関する文献リスト（2022）」『東亜大学大学院総合学術研究科臨床心理相談研究センター紀要　心理臨床研究—臨床・リサーチ・理論—』、23、46〜55頁。

並木崇浩、小野真由子（2016）「PCAGIP法研究の動向と課題」『関西大学心理臨床センター紀要』、7、91〜100頁。

成田有子（2018）「産業領域で行うPCAGIPマネ・ピカ——マネージャーどうしの内省的対話がもたらすもの」『日本人間性心理学会第37回大会発表論文集』、41頁。

野村陽子、村山正治（2021）「協立総合病院におけるPCAGIP 4年間の継続支援の考察」『東亜臨床心理学研究』、20、25〜34頁。

岡本和磨、池田陽子、甲斐朱莉、末元真子、水谷晴香、米田紗菜、池見陽（2021）「Zoomを用いたPCAGIP——その実施と有効性の検討」『関西大学臨床心理専門職大学院紀要』、11、11〜19頁。

押江隆（2015）「パーソン・センタード・アプローチとスーパービジョン」『山口大学大学院教育学

研究科附属臨床心理センター紀要」、6、27〜34頁。
押江隆、藤田洋子、植木美紀、多田佳歩、鞠川由貴、溝口英登、森原梓、山本優子、渡邉弓子（2017）「PCAGIP法にパーソン・センタードな個人スーパービジョンを組み合わせた「リフレキシブPCAGIP」の開発」『教育実践総合センター研究紀要』、43、39〜46頁。
押江隆、石川智香子、岩野光、葉柴由佳、堺香穂、髙橋亨輔、柳原真子（2023）「オンラインPCAGIPの実践と検討」『山口大学教育学部研究論叢』、72、43〜51頁。
押江隆、宮武ゆかり、瓜崎貴雄（2010）「他職種との協同に向けたグループ・アプローチによる研修会の検討（2）——精神科ソーシャルワーカーと臨床心理士によるPCAGIPを用いた事例検討」『日本心理臨床学会第29回大会発表論文集』、376頁。
押江隆、山根倫也、池ヶ谷采佳、坂本和久、玖村奈美、白石潤一（2021）「体験過程スケールによるリフレキシブPCAGIPのプロセス研究」『山口大学教育学部研究論叢』、70、35〜44頁。
齊藤英俊、南雅則（2020）「PCAGIP法を用いた事例検討会の効果についての研究——参加者間の相互作用に注目して」『北陸学院大学・北陸学院大学短期大学部研究紀要』、13、1〜8頁。
坂本直也（2011）「スクールカウンセリングにおける教員研修の実践に関する研究——PCAGIP法を参考にした事例検討について」『人間と環境』、2、85〜96頁。
仙頭彩奈、深津典子（2014）「心理臨床センタースタッフ研修におけるケースカンファレンスに関する一考察——従来のケースカンファレンスとPCAGIP法の比較を通して」『明治学院大学心理学部付属研究所年報』、7、53〜62頁。
田村修一、石隈利紀（2006）「中学校教師の被援助志向性に関する研究——状態・特性被援助志向性尺度の作成および信頼性と妥当性の検討」『教育心理学研究』、54（1）、75〜89頁。
筒井優介（2015）「夢PCAGIPの試み——グループにおける相互作用の活用」『関西大学臨床心理専門職大学院紀要』、5、73〜81頁。
筒井優介（2016）「フォーカシングと夢解釈」池見陽（編）『傾聴・心理臨床学アップデートとフォーカシング——感じる・話す・聴くの基本』ナカニシヤ出版、170〜179頁。
筒井優介（2018）「夢PCAGIPにおいて意味はどのように成立しているのか——ある妊娠の夢を実例として」『人間性心理学研究』、36（1）、21〜31頁。
宇都宮敦子（2014）「障碍を持つ子供の母親への支援——PCAGIP法を使ったグループワーク」『日本心理臨床学会第33回秋季大会発表論文集』、173頁。
渡辺隆（2012）「PCAGIP法の教師への実践」村山正治、中田行重（編著）『新しい事例検討法PCAGIP法入門——パーソン・センタード・アプローチの視点から』創元社、72〜97頁。
山本真也、隈元みちる、森本哲介、松本剛（2022）「ポジティブな事例検討のロールプレイによる事例検討会へのイメージの変容に及ぼす効果の検討」『兵庫教育大学研究紀要』、60、83〜90頁。
湯本幸平（2013）「市役所職員を対象としたグループアプローチの実践報告——PCAGIP法で育てる"元気の芽"」『日本人間性心理学会第32回大会プログラム・発表論文集』、116頁。

## 第21章

村山正治（2012）「PCAGIP法開発の経緯」村山正治、中田行重（編著）『新しい事例検討法PCAGIP法入門——パーソン・センタード・アプローチの視点から』創元社、34〜41頁。
村山正治（2019）「私のパーソンセンタード・アプローチの未来像を求めて」飯長喜一郎、園田雅代（編著）『私とパーソンセンタード・アプローチ』新曜社、249〜268頁。
村山正治（2023）「動画で見るPCAGIP法の実際——新しい事例検討法ピカジップ（PCAGIP）の開発と展望」本山智敬、永野浩二、村山正治（編）『パーソンセンタード・アプローチとオー

ブンダイアローグ——対話・つながり・共に生きる』遠見書房、76 〜 82 頁。

**あとがき**

メアンズ・D／クーパー・M（2021）『「深い関係性（リレイショナル・デプス）」がなぜ人を癒すのか——パーソン・センタード・セラピーの力』（中田行重、斧原藍訳）創元社。Mearns, D., & Cooper, M. (2018). *Working at relational depth in counselling and psychotherapy*, 2$^{nd}$ Edition. London: Sage.

## あとがき

　本書の目的は①対人援助の領域ごとにPCAGIP法がどう実践・展開されているかを紹介すること、②PCAGIP法の背後にある「人間観」や「人にかかわることの意味」を考えること、でした。しかし結果的には、読んでおわかりのように「〇〇の領域においてはこの実践方法」というような、いわば「この症状にはこの治療」的な実践方法を書いた章はありませんでした。そうではなく、それぞれのファシリテーターの様々な"技"や"細かな配慮"を見せていただくことになりました。それは、他のファシリテーターであれば同じ領域の同じ参加者を対象としても、異なるだろうと思われるような技であり、配慮でした。つまり、そのファシリテーターの個が大きく反映されたものでした。これは私たち編者の予想をやや超えていました。C. R. Rogersのいわゆる"診断無用論"とも通じることですが、PCAGIP法に限らずPCAは分類（診断など）をもとに動くのではなく、その人らしさauthenticityと深い関係性（Mearns & Cooper, 2018/2021）によってかかわりが始まるので、各章の技や配慮にファシリテーターの個が反映されたものになるのは当然です。

　本書に掲載されたPCAGIP法の実践を読む際は、たんにその領域における実践法を学ぼうとする姿勢だとあまり学べないかもしれません。むしろ、その職場の背景の事情を踏まえて現場の人たちに少しでも役に立つPCAGIP法を実施しようとする各著者のその想いの熱さとそこに修正を加える柔軟さを感じ取って欲しいと思います。読者の方それぞれが今度は自分でPCAGIP法を実践する場合に、現場に合わせて柔軟に自分なりの技や配慮を作ることに本書が役立つなら、編者としては本書を編んだかいがあります。

　そして、その実践をいつか学会なり研修会でご発表ください。また、調査研究も行ってPCAGIP法を批判的な眼差しで検討してください。"批判的に"という言葉には次の思いがあります。

PCAGIP法は今まで満たされなかった対人援助職の層やニーズに応えました。事例検討の新しいパラダイムを作り出したとも言えるでしょう。そのPCAGIP法は本書にあるようにこれほど広がり、さらに広がる気配があります。私たちはそのPCAGIP法が健全に発展してほしいと思っています。これだけ広がりを見せているのだから、次は批判的な眼差しも持って検討し直す姿勢が求められます。私たちはRogersが自分のアプローチを非指示的療法からクライエント中心療法、パーソン・センタード・アプローチと変えたのと同じように、PCAGIP法のよりよいバージョンアップを目指したいと思っています。今後も皆さんと共に歩んでいきたいと思っています。

　今回の出版にあたっては多くの執筆者のご協力をいただきました。また、執筆をお願いできなかったけれど、お願いしたかった先生もいらっしゃいますし、私ども編者が存じ上げないだけでPCAGIP法を実践している先生方が数多くいらっしゃることはわかっております。そういう先生方とも今後つながってネットワークができることを望んでおります。

　最後になりましたが、創元社の吉岡昌俊さんには多くの著者との対応を始め、大変お世話になりました。記してお礼申し上げます。

　　　令和6年7月吉日

　　　　　　　　　　　　　　　　　　　　　　　　村山正治・中田行重

**編者紹介**

**村山正治**（むらやま　しょうじ）
1963年、京都大学大学院教育学研究科博士課程修了（教育学博士）。九州大学名誉教授。東亜大学名誉教授。臨床心理士。前学校臨床心理士ワーキンググループ代表。福岡人間関係研究会代表。著書に『ロジャースをめぐって』（単著、金剛出版）、『「自分らしさ」を認めるPCAグループ入門』（編著、創元社）、『スクールカウンセリングの新しいパラダイム』（単著、遠見書房）、『新しい事例検討法PCAGIP入門』（共編著、創元社）、『私のカウンセラー修行』（単著、誠信書房）、『どこへ行こうか、心理療法』（共著、創元社）、『パーソンセンタード・アプローチとオープンダイアローグ』（共編、遠見書房）などがある。

**中田行重**（なかた　ゆきしげ）
1992年、九州大学大学院博士後期課程修了。現在、関西大学人間健康学部教授。博士（学術）。桂メンタルクリニック（京都）カウンセラー。臨床心理士。公認心理師。PCA-Kansai代表。著書・訳書に『問題意識性を目標とするファシリテーション』（単著、関西大学出版部）、『臨床現場におけるパーソン・センタード・セラピーの実務』（単著、創元社）、『新しい事例検討法PCAGIP入門』（共編著、創元社）、『地域実践心理学』（共著、ナカニシヤ出版）、『私とパーソンセンタード・アプローチ』（共著、新曜社）、『「深い関係性（リレイショナル・デプス）」がなぜ人を癒やすのか』（共訳、創元社）などがある。

## 執筆者紹介

**村山正治**（むらやま　しょうじ）はじめに・第1章・第3章・あとがき
九州大学 名誉教授／東亜大学 名誉教授

**中田行重**（なかた　ゆきしげ）はじめに・第19章・あとがき
関西大学人間健康学部 教授

**村山尚子**（むらやま　なおこ）第1章
心理教育研究所赤坂 主宰

**岩渕匡彦**（いわぶち　まさひこ）第2章
立教池袋中学校・高等学校 スクールカウンセラー

**桑野浩明**（くわの　ひろあき）第3章
東亜大学大学院総合学術研究科 教授

**桑野裕子**（くわの　ゆうこ）第3章
東亜大学人間科学部 教授

**松村人志**（まつむら　ひとし）第3章
大阪医科薬科大学 名誉教授／小曽根病院 医師

**南　陽子**（みなみ　ようこ）第4章
一般社団法人日本キャリア・カウンセリング学会 研修委員／キャリアコンサルタント・1級キャリアコンサルティング技能士

**高楊美裕樹**（たかやなぎ　みゆき）第5章
aiカウンセリング研究所 代表／公認心理師・キャリアコンサルタント・シニア産業カウンセラー

**西木　聡**（にしき　さとし）第6章
株式会社ウエストウッド・コンサルティング 代表取締役

**野村陽子**（のむら　ようこ）第7章
みなと医療生活協同組合 協立総合病院課長室 臨床心理士・公認心理師

**足利　学**（あしかが　まなぶ）第8章
藍野大学短期大学部 学長・教授

**井出智博**（いで　ともひろ）第9章
北海道大学大学院教育学研究院 准教授

**田中かおり**（たなか　かおり）第10章
東京少年鑑別所 地域非行防止調整官

**並木崇浩**（なみき　たかひろ）第11章
愛知淑徳大学学生相談室 助教

**小野真由子**（おの　まゆこ）第11章
関西大学大学院心理学研究科 博士課程後期課程

**石田陽彦**（いしだ　はるひこ）第11章
関西大学 名誉教授

姜　潤華（かん　ゆな）第12章
東亜大学大学院総合学術研究科 講師

内藤裕子（ないとう　ゆうこ）第13章
東北福祉大学総合福祉学部 教授

堀尾直美（ほりお　なおみ）第14章
フォーカシング・ネットワーク 代表トレーナー

押江　隆（おしえ　たかし）第15章
西南学院大学人間科学部 准教授

中島真夕（なかしま　まゆ）第16章
dots into lines 代表／臨床心理士・公認心理師

筒井優介（つつい　ゆうすけ）第17章
神戸学院大学心理学部 非常勤講師

藤中隆久（ふじなか　たかひさ）第18章
熊本大学大学院教育学研究科 教授

上西裕之（うえにし　ひろゆき）第20章
大阪大谷大学人間社会学部 准教授

永野浩二（ながの　こうじ）第21章
追手門学院大学心理学部 教授

## PCAGIP法の実践
### 対人援助職を支える新しいパラダイム

2024年11月20日　第1版第1刷発行

〈編著者〉　村山正治・中田行重

〈発行者〉　矢部敬一

〈発行所〉　株式会社 創元社

本　社　〒541-0047　大阪市中央区淡路町4-3-6
電　話　06-6231-9010(代)
ＦＡＸ　06-6233-3111(代)
東京支店　〒101-0051　東京都千代田区神田神保町1-2 田辺ビル
電　話　03-6811-0662(代)
https://www.sogensha.co.jp/

〈印刷所〉　株式会社 太洋社

装幀・本文組　野田和浩

©2024 Printed in Japan
ISBN978-4-422-11832-1　C3011

〈検印廃止〉

落丁・乱丁のときはお取り替えいたします。

〈JCOPY〉〈出版者著作権管理機構 委託出版物〉

本書の無断複製は著作権法上での例外を除き禁じられています。複製される場合は、そのつど事前に、出版者著作権管理機構（電話 03-5244-5088、FAX 03-5244-5089、e-mail: info@jcopy.or.jp）の許諾を得てください。

# 新しい事例検討法
## PCAGIP入門
### パーソン・センタード・アプローチの視点から

村山正治・中田行重 編著

定価2,530円（本体2,300円）／Ａ５判並製／176頁

**PCAGIPとは・・・**
**Ｉがないのに愛がある事例検討法**

パーソン・センタード・アプローチ（PCA）の考え方をもとに開発された新しい事例検討法、PCAGIP法。「批判しない」「メモをとらない」というルールのもと、守られた空間の中でグループ成員の相互作用から問題解決に役立つヒントを生み出し事例提供者の心理的成長を目指す。教育、福祉、看護などの幅広い対人援助職のための事例検討法として注目されており、その体系化された方法や具体的なやり方を初めて紹介する入門書。

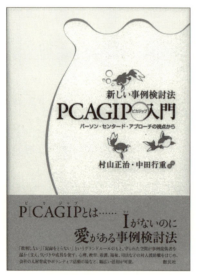